융학파 사이코드라마

놀이 속에서 자기를 만나다

Title of the original German edition:

Ellynor Barz, Selbstbegegnung im Spiel.
Einführung in das Psychodrama © 1988
KREUZ Verlag part of Verlag Herder GmbH, Freiburg im Breisgau

융학파 사이코드라마

놀이 속에서 자기를 만나다

Ellynor Barz 저 · **이보섭** 역

라피스

일러두기

1. 본문 아래 각주는 독자의 이해를 돕기 위해 옮긴이가 덧붙인 역주입니다. 원서의 본문에 들어있던 사례는 번역 과정에서 상자 안에 배치하고 임의로 일련번호와 제목을 붙였습니다. 원서의 본문 내용을 분류해서 소제목을 붙였습니다 (제 2장). 원서의 미주 번호 36 다음 36a 를 37로 변경하고, 그 이후에 같은 상황에서 다음 숫자로 정리하면서 원서의 미주번호와 차이가 생겼습니다.
2. 표지 그림은 스위스 융심리학에 기초한 사이코드라마 연구소 (Institut für Psychodrama auf der Grundlage der Jungschen Psychologie) 의 흑백 로고에 표지 디자인 과정에서 색을 입혔습니다. 로고를 책 디자인에 사용할 수 있도록 허락해주신 저작권 소유자 요하네스 바르쯔(Johannes Barz) 소장님께 감사합니다.

발간에 부쳐

놀이 속에서 자기와 만남에로 초대

융C.G.Jung이 창시한 분석심리학적 치유의 핵심은 자기self, 참나와의 만남이다. 자아ego를 내려놓고 자기에게 맡기면 일어나야할 일들이 모두 일어나면서 저절로 문제가 해소된다. 개인분석을 받으면서 꿈과 그림에 대한 대화로 자기로부터의 메시지를 이해할 수 있다. 융은 도라 칼프로 하여금 언어로 하는 분석이 어려운 아동을 위한 분석심리학적 치유법을 개발하도록 하여 모래놀이가 탄생하였다.* 모래놀이는 분석심리학의 적극적 상상active imagination방법에 기초한 것으로 나중에 성인들에게도 적용되었다. 적극적 상상은 의식이 적극적으로 무의식과 만나는 일이다. 이러한 만남은 특정한 놀이의 본질이기도 하다. 놀이 속 적극적 상상 방법에 융학파 분석가에 의해 진행되는 융학파 사이코드라마가 있다. 스위스의 융학파 분석가 엘리노어 바르쯔와 헬무트 바르쯔 박사는 모레노의 친구이자 제자인 엘레프서리에게 사이코드라마를 사사하고 분석심리학을 접목시켜 융학파 사이코드라마를 창시하였다.

이 책은 엘리노어 바르쯔가 스위스 융연구소 디플롬 논문으로 제출 후 출간한 유일한 관련 저서이다. 그들은 긴 세월동안 많은 드라마를 지도하였지만 기록으로 남기지 않았기 때문이다. 사이코드라마를 성서에 적용한 비블리오 드라마의 창시자 마르셀 마르틴의 『몸으로 읽는 성서』에 이어 이 책을 라피스 출판사에서 발행하게 되어 매우 기쁘다.

* 나는 이 방법을 융학파 분석가로서 최초로 한국에 소개하고 기본 입문서를 번역하였다. 『도라칼프의 모래놀이』 도라칼프 저, 이보섭 역, 학지사, 2012.

번역의 필요성을 처음 느낀 것은 스위스 유학시절 1993년 여름 방학동안 서울아산병원 정신건강의학과에서 임상실습을 할 때였다. 한국임상예술학회에 가게 되었는데, 갑자기 무대로 불리어 나갔고, 융학파 사이코드라마를 소개해 달라는 요청을 받았다. 이렇게 큰 대중이 아니라 12명가량의 작은 그룹이 둘러앉아서 한다고 하니, 어느새 모레노 사이코드라마 지도자들 10명가량이 무대로와 내 앞에 둘러앉았다. 그들의 열정적인 관심이 반갑기도 했지만, 당혹스러웠다. 그래서 훗날을 기약하고 무대를 벗어났다. 나누기sharing를 어떻게 하느냐는 질문에만 답을 했었다. 학회가 끝나고 자신의 문제가 절실했던 드라마지도자 분의 간절한 요청으로 개인 신경정신과 의원에서 드라마지도자들로 구성된 작은 그룹을 지도하였다. 용인 국립정신병원에서도 드라마지도자들에게 지도하였다. 그동안 지도만 하고 처음으로 프로타고니스트를 해 보았다는 그분들의 피드백이 감동적이었다. 스위스에 돌아갔을 때 그들이 보낸 편지 또한, 내가 좋은 일을 했다는 느낌을 강화시켜주었다. 스위스에서 하는 식으로 나누기를 한다며 그 장점에 대한 피드백도 있었다. 이 책은 그 감동에 보답하고, 그때 내가 학회에서 한 약속을 지키는 일에 속한다.* 또한 모레노 사이코드라마에 익숙한 분들에게 융의 분석심리학으로 들어가는 좋은 입구가 될 것이다. 나아가 융학파 개인 분석도 받게 된다면, 그 절실한 요구와 관심이 좋은 결실을 맺을 것이다. 이 책은 분석심리학을 몸으로 읽고 싶은 분들에게도 많은 영감을 선사할 것이다.

출판사 이름의 기원이 되기도 한 나의 드라마지도자 수련시절 꿈을 나누고자한다.

> 어느 정원에서 사이코드라마 중이다. 지도자는 참여자들에게 뜰 안에서 돌을 찾아보라고 하였다. 모두 둘러앉아서 돌을 찾은 사람은 그 돌에 붙

* 2008년 7월 9일, 한국임상예술학회, 〈융심리학 관점에서 본 심리극과 창조성〉 발표.

> 어있던 종이를 펼쳐서 그곳에 적혀있는 글을 읽었다. 나의 종이에는 글이 없고 해골그림만 있었다. 당황하고 있는 내게 어떤 남성이 도와주러 왔다. 그는 종이의 뒷면을 보더니 악보를 발견하였다. 한글가사가 적힌 독일민요였다. 내가 머뭇거리자 그는 친절하게 나는 한국어로, 자신은 독일어로 노래를 부르자고 해서 함께 노래를 불렀다.

연금술에서 해골은 연금술 작업이 일어나는 그릇이고, 돌은 연금술의 시작과 끝을 의미하는 라피스lapis, 라틴어, 돌로 자기를 상징한다. 연금술 작업opus의 주요 내용은 대극합일이다. 드라마를 시작하면서 충돌한 나의 두 대극은 독일 철학을 하던 아폴론적 사고와 드라마가 지향하던 디오니소스적 사고였다. 뮌헨대학에서 이 두 가지 사고방식을 다룬 니체의 『비극의 탄생』을 3시간동안 논하는 필기시험을 치룬지 얼마 안 되었을 때여서 니체의 분위기에 젖어있었지만, 실제로 당시에는 사이코드라마라는 "디오니소스 집단"속에서 어떻게 움직여야할지 난감하기 짝이 없었다. 나는 너무 지성적intellektuell이며, 감정을 알 수 없다는 말을 자주 들었는데, 당시에는 무슨 말인지 이해할 수 없었다. 이 꿈에서는 내향적인 나의 "한국적 측면"과 외향적인 "독일적 측면"의 만남으로 위기가 극복된다. 독일적 측면을 "외향적"이라고 해석한 이유는 지극히 내향적이었던 내가 나를 제대로 표현하는 일이 독일 유학을 하면서 독일어를 통해서 시작되었기 때문이다. 꿈에서는 독일 남성과 감정을 표현하는 노래를 한다.

둘러앉아서 자신의 이야기를 하는 모습은 드라마에서 나누기sharing 단계로 매우 중요한 순간이다. 나는 원래 드라마 후에 하는 나누기를 확대한 모임을 만들었다. 이보섭융연구소에서 드라마, 분석, 강의에 참여하면서 얻게 된 자신만의 소중한 보물을 나누는 시간을 라피스 모임이라 부르면서 2002년부터 해오고 있다. 이 라피스 모임을 더 넓게 연다는 의미로 이보섭융연구소의 출판브랜드를 라피스로 정하였다. 2015년 대학로 성균 소극장에서 〈삶의 위기에 떠나는 내면 여행〉이라는 제목으로 융의 레드북을 드라마로 강의하면서 라피스 드라마, 그리고 춤으로 하는 나누기를 라피스 댄스라고 이름 지었다.

나는 스위스에서 체험한 융학파 사이코드라마의 특징을 강조하고, 사이코드라마에 대한 강한 선입견이 있는 분들을 위해 이 작업을 상징드라마, 분석심리드라마, 센터링 리츄얼이라고 부르기도 한다. 어떤 이름으로 부르든 어떤 치유법이든 그것이 중요한 것이 아니라 어떤 사람이 어떤 마음과 태도로 적용하는가가 중요할 것이다. 달라이라마는 어떤 사람이 어떤 종교에 속해있느냐가 아니라 그 사람이 친절하고 자비심이 있는가가 중요하다고 하며, 자신의 종교는 **자비로운 친절**이라고 했다. 융도 치유법이 아니라 **치유자의 인격**이 치유를 한다고 하였다. 이 말을 음미해보면, 치유자의 인격에 따라 좋다는 치유법도 흉기로 변할 수 있고, 좋지 않다고 하는 치유법도 치유적 효과를 가져 온다는 말이다.

개인분석이외의 모든 다른치료, 집단치료를 거부하는 분석가 집단이 있다. 그들도 하나의 집단을 이루고 개인보다는 집단적 가치가 더 중요한 경우를 볼 때, 개인과 집단은 서로 불가분의 관계에 놓여있다고 볼 수 있다. 당시 유럽의 집단적 행동인 나치에 대한 반성으로, 집단을 위험시하고 개인을 강조하였다고 한다. 세월이 흐른 현재의 유럽에서는 원소화atomisieren된 개인들이 어떻게 다시 집단의 삶을 잘 이루어야할지, 커뮤니티 운동이 활발하다. 특히 우리나라에서는 유럽이 막 극복하려는 개인의 원소화가 이제 시작되는 것 같다. 더 극단적으로 진행되기 전에 집단과 그 치유적 측면을 연구해 보면 어떨까?

융은 당신이 두려워하는 것, 그것이 바로 당신의 과제라고 하였다. 자신의 내향적 성향으로 집단이 두렵다면, 피할 것이 아니라 바로 그 집단에 들어가서 그 집단의 중심과 자신의 중심을 알아차리고 그 사이의 관계를 잘 유지하는 연습을 해야 한다. 집단을 떠나서 어디서 혼자 이런 연습을 할 수 있을까? 융학파 사이코드라마는 12명 정도의 인원이 꼭 원으로 둘러앉아서 한다. 그리고 한명의 프로타고니스트 중심으로 이루어진다. 이러한 세팅은 집단치료와 개인치료의 장점을 절충한 형태이다. 융은 에베레스트 산에서 혼자 개성화를 할 수 없으며, 개성화는 세계를 제외시키지 않고, 포함한다고 하였다. 이 세계를 포함시키는 연습을 드라마 그룹이라는 작은 세계에서 알아차림awareness을 연습하면서 시작할 수 있다.

프로타고니스트가 되어 사이코드라마에 참여하는 긴 과정을 거친후에야 집단 분석, 드라마지도를 할 수 있다. 자신이 직접 체험하지 않은 치유법을 남에게 적용하거나 반대로 비판하는것은 부당하다. 분석가 양성과정중 장기간에 걸쳐 수백 세션 개인분석을 받은 후, 그 효험을 체험한 사람만이 타인을 분석할 자격이 생기는 것과 같은 원리이다.

놀이 속에서 자기와 만난다고 할 때 자기는 무엇을 의미할까? 분석심리학에서 "자기self"는 비어있는 개념이며 개인에 따라 상황에 따라 여러 가지 내용으로 채워진다. 즉 여러 가지 대상에 투사된다. 무수히 많은 예들이 있지만 내가 체험한 주요 예들은 신, 부처, 예수, 만다라, 참나, 진아, 공 모양의 물체, 기운, 심장, 단전, 하늘과 같이 텅 빈 공간이다. 융은 자기를 만나야만, 혹은 자기가 현현 되야만 진정한 치유가 이루어진다고 하였다.

기독교인이었던 바르쯔는 드라마에서 기독교 윤리인 이웃사랑의 실현, 신의 체험을 중요시했다. 매주 쭈미콘 숲가 그들의 커다란 저택에 있는 연구소와 주말마다 블랙 마돈나가 있는 성지순례장소 아인지들렌의 수련관에서 열린 사이코드라마 워크샵에는 세계각지에서 온 남녀노소, 다양한 직업인들, 융학파 분석가, 신부, 목사, 수녀, 교사, 교수, 가수, 댄서, 정신건강의학과 의사, 치료받은 경험이 있는 분들이 함께 어울렸다. 우선 서로 사적인 비밀을 지킬것을 선서한후, 페르조나persona를 내려놓고, 존칭 없이 이름을 부르며* 진솔한 교류를 하던 너무나도 진한 순간들! 드라마 후 와인병의 코르크 마개 따는 소리가 디오니소스 축제의 시작을 알리면, 진지한 뒷이야기를 나누고, 흐르는 음악에 맞추어 자연스럽게 시작되던 댄스의 순간들! 그리고 일상으로 돌아가면 다시 페르조나를 입고 아폴론의 세계에서 만나는 성숙한 모습들! 나는 이런 체험을 우리나라에서도 가능하게 하기 위해 2001년 이보섭융연구소를 오픈 하였다.

1993년 이 책의 첫 페이지를 번역하고 강의를 위해 틈틈이 부분적으로 번역해 오다가, 2012년 〈놀이와 자기〉라는 이름으로 출간 예정이었으나 유럽에서 강의 일정과 명상여행, 2013~2015년에 한국융분석가협회 회장 임무가 더해져서, 연기되다가 2016년 초판인쇄를 위한 가제본을 내었다. 그러나 연구소 이사, 스위스 융연구소 강의, 여러 가지 다른 관심들을 따라한 유럽에서 연구여행, 인도에서 명상과 법문참석으로 올해 초에 다시 착수하여 이제야 완성하게 되니 내게도 믿기지 않는 사건이다. 모든 일에는 그 일이 스스로 일어나길 바라는 때가 있는 것 같다. 이 책의 탄생을 와인과 멋진 파티로 축하해주었을 헬무트와 엘리노어가 아직도 실감나지 않지만, 그사이 이 세상 사람이 아니라는 생각을 하니 눈물이 앞을 가린다.

출간 교정 디자인 작업에 시간 간격을 두고 여러 분들이 관여 하게 되었다. 이보섭융연구소의 김민영, 박선아, 백윤진, 안재마, 이은정 연구원, 이보섭융연구소 및 한국융연구원 예비과정 길은영 연구원, 한국융연구원 전문과정 김지연 연구원, 광운대학 김서영교수에게 깊이 감사의 뜻을 표한다.

---

* 모두 엘리노어, 헬무트라고 지도자의 이름을 불러야했었는데, 나는 시간이 오래 걸려서야 그렇게 할 수 있었고, 이러한 호칭이 아주 새로운 만남의 차원을 열어주는 것을 체험하였다. 그리고 지금은 그들을 엘리노어, 헬무트라고 부르지 않으면 다른 사람을 지칭하는 것 같이 어색하다.

따뜻한 성원을 보내준 한국융이안사이코드라마/한국분석심리드라마 협회(KAPA) 자문위원들, J. Barz (Zürich, 융심리학에 기초한 사이코드라마 연구소 소장), Pfar. C.Capaul (Zürich, 융학파 사이코드라마 지도자), Jean-Jaque Faber (Zürich, 융학파 사이코드라마 지도자 및 융학파 분석가), Dr. Dr. I. Riedel (Konstanz, 융학파 분석가), Marco della Chiesa (Zürich, 융학파 분석가, 사이코 드라마 지도자), Prof. em. Pfar. Dr. G.M. Martin (Marburg, 비블리오드라마 지도자), 김정명 교수님 (명지대, 한국 몸학 연구소 소장), 김명권 前 교수님 (서울불교대학원대, 한국영성심리상담센터 대표) 께 감사드린다.

2001년 한국융연구원 상임교수와 교육위원직에 초대하여 첫 수료자부터 현재까지 후진 양성의 즐거움을 주시고, 연구원들의 요청에 2017년 몸도 움직이는 적극적 상상 세미나를 열게 하신 이부영 원장님께도 감사드린다. 호기심과 열정과 내적인 필요성을 따라 전혀 다른 영역에 몰두하느라 분산된 에너지를 모으고 완전한 내면화로 들어가 출간을 마무리할 수 있도록 좋은 공간을 허락해주신 분들과 느린 작업 과정을 "자비로운 친절"로 함께해주신 예일기획의 신원근 대표님께 감사드린다.

몸을 움직이면서, 원형archetype의 상징적 의미를 구체적인 현실에서 볼 수 있는 능력을 갖추고자 하는 분들, 분석심리학을 공부하는 분들, 마음이 따뜻한 치유적인 인간이 되고자 하는 분들, 영성과 치유에 관심있는 성직자, 상담과 치료분야에 종사자, 연극치료를 포함한 예술치료사들이 함께 이 책으로 만나기를 바란다.

2018년 8월

대극과 투쟁하거나, 제외시키는 것이 아니라 포함시키며 초월하는데 필요한 공감, 이웃사랑, 자비심수련으로 삶의 질이 높아지고, 따뜻한 사회가 되길 바라며…

이보섭

차 례

들어가며

사이코드라마는 엄밀히 말하면 스스로 참여해서mitspielend 몸으로 움직여야만handelnd 그 영향력을 알 수 있다. 왜냐하면 사이코드라마는 심리학적 체계도, 어떤 학설도 아니기 때문이다. 그것은 강의를 통해서 전수할 수 있는 심리학의 학파에 속하는 것이 아니라, 심리적 내용을 행동하면서 다루는 치료방법이다. 사이코드라마의 창시자 혹은 발명자인 야콥 레비 모레노Jakob Levy Moreno는 사이코드라마는 “영혼의 진리를 행동을 통해 밝혀내는 방법”이라고 했다. 이 일을 하기 위해 여러 사람이 필요하다. 그래서 이 일은 (작은) 그룹 안에서 행해진다.

사이코드라마는 치료법으로써 아주 다양한 차원에서 다양한 영역에 적용될 수 있다. 사이코드라마는 내용적으로나 이론적으로 고정된 것이 아니다. 사이코드라마는 부부치료나 가족치료를 위해서와 마찬가지로 행동치료를 위해서, 병원, 사회적 영역이나 모든 외적인 갈등상황에 적용될 수 있으며, 또한 자기발견으로 이끄는 내적 성장의 길로 체험될 수도 있다.

사이코드라마는 그 방법을 사용하는 사람에 의해서만 만들어진다. 즉, 지도자와 그가 모은 그룹, 그의 정신적인 심리학적인 가정들, 그가 달성하려는 목적에 의해서 만들어진다. 그렇지만 내용은 늘 같아서, 자신을 불안하게 하는 것들, 감정적 갈등을 몸을 움직이면서[handelnd] 체험하며 다룬다[be-handeln.].

일반적으로 사람들은 발생하는 문제에 대해 곰곰이 생각하면서 풀어나가거나 분석하거나 그 원인을 조사해보고 그것으로부터 어떤 결론을 내리는 일에 익숙하다. 사이코드라마에서는 이와 반대로 문제가 행동으로 옮겨진다. 이로써 문제가 시간과 공간, 즉 지금 여기로 불려나와 심사숙고하면서 관조되고, 사고, 감정, 감각, 직관의 모든 심리적 기능들에 의해 체험된다. 그런 만큼 전체적[ganzheitlich]으로 다루어진다.

우리가 꿈을 꿀 때 혼[Seele]이 이와 비슷한 일을 한다. 우리가 꿈에 주의를 기울이고, 꿈을 기억하려하면 우리가 고민하는 문제들이 −의식화**되어야 하는** 주제가− 대부분 '이야기'의 형태로, 혹은 단지 짤막하거나 별 것 아닌 것 같아 보이는 줄거리의 형식으로, 때로는 하나의 압축된 이미지 형식으로 꿈에 나오는 것을 알아차릴 수 있다. 그 안에 들어있는, 숨어있는 의미를 전문가의 도움 없이 알아내는 것은 대개 어렵다. 유감스럽게도 우리는 꿈, 기분 나쁜 주제들을 밀쳐두고 다시 잊어버리는 일에 익숙해져있다. 우리가 그것을 진지하게 받아들이지 않고 우리의 영적 영역에 들여놓지 않으려고 하며, 그것에 의해 우리가 흔들리는 것을 원하지 않는다는 뜻이다. 그럼에도 불구하고 이해할 수 없는 줄거리지만 잊히지 않는 꿈, 우리를 이상하게 자극하고, 동요시키고, 놀라게 해서 지속적인 영향력을 행사하는 꿈이 항상 하나쯤 반복해서 나타난다.

그러한 일이 가끔 사이코드라마에서도 일어날 수 있다. 어떤 사건의 깊은 의미의 연관관계가 지적으로 파악되지 않고, 해석되지 않고, 말로 표현할 수도 없지만 그 사건의 줄거리가 뇌리를 떠나지 않으며 그 영향에서 벗어날 수 없다. 그러나 사이코드라마에서 체험해 봄으로써 새로이 눈을 뜨며, 중요한 주제에 대해 새로운 자세를 취하게 할 수도 있다. 사이코드라마에서는 행동, 연극 놀이가 그룹 안에서, 증인들 앞에서, 함께 행동을 하는 사람들 속에서 이루어지기때문에 추가적인 영향력을 가질 수 있다. 몸을 움직여서 연극 놀이를 하고 나면, 그것을 다시 잊어버리거나 더 나아가 구체적으로 책임을 회피하기가 어렵게 된다.

예를 하나 들어보자.

사례 1 모나 35세 여성

35세 여성, 모나(가명)는 사이코드라마 그룹에 새로 들어왔는데 늘 선글라스를 쓰는 것을 양해해달라고 한다. 그녀의 문제는 전혀 예기치 않은, 설명할 수 없는 상황에 얼굴이 자주 빨개지는 것이었다. 선글라스 뒤에서 그녀는 조금이나마 안도감을 느낄 수 있었다.

그러나 최근에는 얼굴이 붉어지는 일이 잦아졌으며, 집에서조차 남편이 신문기사를 큰 소리로 읽어줄 때, 조금이라도 성적인 주제를 연상시키면 별 내용이 아니어도 얼굴이 붉어졌다. 그녀는 이미 세 아이의 어머니이며, 성은 그녀에게 개인적으로 전혀 문제가 아니었다. 그녀는 성적 트라우마를 겪지 않았으며 젊어서 기쁜 마음으로 결혼해서 행복한 결혼생활을 하고 있었다.

이 젊은 여성에게 자주 반복되는 꿈이 떠올랐다. 얼굴이 붉어지는 것과 마찬가지로 그 꿈도 전혀 예상치 않게 아무런 전후 맥락이 없이 그냥 떠올랐다. 전날 다시 이 꿈을 꾸었다고 했다. 꿈이 마음에 안 들고, 아주 짧았으며 마무리도 제대로 안되었다고 했다.

꿈에서 그녀는 길을 따라가다가 어느 집에 도달해서 문 앞에 멈추었다. 그리고 문고리에 손을 얹자 공포에 사로잡혀 잠에서 깼다. 그녀는 어느 거리였는지 어떤 집이었는지 기억하지 못했다. 사이코드라마에서 프로타고니스트극의 주인공는 꿈속의 거리를 따라 계속 걸어간다. 그때 갑자기 그녀는 둥근 돌로 포장된 길을 따라 걷고 있다는 것을 알게 된다. 발로 더듬듯이 앞으로 나아가면서, 그 길이 어린 시절에 다녔던 길인 것이 의식화된다. 마을의 큰 길이었다.

"어렸을 때 이 길을 자주 다녔지."

길 양쪽의 집들이 이제 확실해진다. 마침내 그 집 앞에서 꿈이 끝나게 되는데, 그 집은 어린 시절의 부모 집이었다. 사이코드라마에서 그녀는 이제 다시 그 집으로 다가가서 이번에는 들어가 보기로 결심한다. 혼자서! 손잡이를 잡는 순간 기운이 빠진다. 그녀는 돌아서서 지도자를 향해 말한다.

"들어갈 수 없네요."

"왜 들어갈 수 없지요?"라고 지도자가 묻는다.

"잘 모르겠지만 그 안에 무엇인가 끔찍한 것이 있어요."

사이코드라마에서 그녀는 집으로 가는 일을 다시 시도하였는데, 이번에는 부모와 함께 그곳에서 살던 당시의 나이 어린 여자아이가 되어서, 그녀를 지지해 줄 수 있는 엄마의 손목을 잡고 들어가 보려 하였다.

그룹원 모두 놀라게 된 일이 벌어졌다. 그룹 중 엄마 역할을 한 사람이 이때 망설이는 것이었다. 그녀는 딸보다 더 집 가까이 가는 것을 망설였다. 결국 딸에 의해 이끌려서 갔다.

"엄마는 항상 회피하고 제대로 바라보지 않았어."라고 프로타고니스트는 직접 엄마에게 말했다.

"그러나 이제는 **봐야만 해요**!"

다시 문 앞에서 망설이다가 단호하게 들어간다. 거실에 아버지가 앉아있다. 프로타고니스트가 예기치 않게 상상 속에서 그가 그곳에 있는 것을 보았다. 그러나 공포에 사로잡혀 밖으로 달려 나간다.

세 번째 시도했을 때는 엄마가 딸과 길에서 좀 더 이야기를 나눈다. 집과 관련하여 아버지가 그곳에 기대치 않게(혹은 기대한 대로?) 거실에 앉아 있는 것이 왜 기분 나쁠까? 그곳에 어떤 비밀이 있음이 틀림없다.

'그 안에 무엇인가 숨겨져 있다.'

문을 열면서 프로타고니스트는 이번에는 아버지 뿐만 아니라, 최근에 집에 같이 살던 이모가 이 거실에 있어야 한다는 것을 안다. 그녀와 함께 '악惡'이 그 안에 있어야 한다는 것, 가까이 다가오는 발자국 소리를 듣자 재빨리 밖으로 달아나야했다는 것을, 그녀가 요사스런 여자, 유혹자, 위선자, 마녀로 집안에 – 아직도 – 숨어서 기다리고 있다는 것을 안다. '지금까지도 마녀가 내 위에 올라타 있다. 어디를 가나 따라다닌다!' 프로타고니스트는 재빨리 어머니의 손을 잡고 달아나듯 집을 떠난다. 그녀에게는 그 이상의 힘은 없었다.

그러나 그 이후로는 사이코드라마에서 점점 더 단호한 태도로 '집'으로 되돌아왔다. 서서히 아버지에게 질문을 던지거나 악을 대면할 용기가 생겼다. 그리고 하루는 웃으면서 이제 얼굴이 붉어지지 않는다는 것을 그룹 사람들도 알아챘는지 물었다. 그리고 위험한 상황이 되어도 이제는 선글라스를 쓰지 않는다고 말했다.

여기서 놀이를 하면서 손쉽게, 거의 당연한 것처럼 발전하게 된 원인은 단순하기는 하지만, 철저하게 견디어 낸 행동이다. 그리스어로 행동Handlung은 드라마Drama이다. 영혼의 위기가 행동으로 표현되고 극적으로dramatisch 조형gestalten된다. 이 사이코-드라마Psycho-Drama를 통해서 하나의 과정Prozeß이 시작되었고, 점점 용기가 생기면서 억압된 기억, 내면의 소리와 형상들과의 대면을 하게 되었다.

때가 무르익었다면, 단 한편의 사이코드라마가 인생의 문제, 인간관계의 문제, 갈등 상황에 있어서 하나의 전환점이 될 수 있다. 하나의 강한 체험이 물에 던져진 하나의 돌처럼 커다란 파장을 일으킬 수 있다. 매일 매일의 현실에 계속 영향을 줄 수 있다. 영혼 깊숙이 작용해서 다른 심리적 내용을 건드리고 움직이게 할 수 있다. 오랫동안 미루어놓은 것, '억압된 것', 무의식에 남아있는 것들이 이제 돌보아지길 원하고, 이해되고 살펴지길 요구하여 마침내 의식의 태도를 근본적으로 바꾸어 버린다.

그러한 과정을 가능하게 하는 전제는 한편으로는 사이코드라마를 위해 모인 사람들의 영적인 작업을 위해 준비된 자세이다. 그리고 '극적인' 심리 과정을 위한 공간과 보호를 제공하는 사이코드라마 방법의 기초를 잘 알고 있어야 된다. 기초적이고 이론적인 심리학적 구상과 자기 자신의 체험을 연결하는 책임감 있는 지도자가 필요하다. 그는 사이코드라마 작업이 양심적으로 진행되고, 좋은 결과가 나오도록 감독하면서 지도할 수 있기 위한 직관적 능력을 갖추고 있어야 한다.

모나의 예는 사이코드라마 체험이 없는 관객에게는 (만일 관객이 허용된다면) 우연히 잘 된 것처럼 보일 수 있다. 이 경우 확실히 운**도** 좋았지만, 영혼의 절실함도 있었고, 펼쳐나가는 것이 가능했으며 **무엇보다도** 여러 가지 기운들이 함께 작용한 결과이기도 하다. 사이코드라마라는 방법과 지도자의 심층심리학적 구상에 그룹 전체와 그룹 안의 각 구성원 한 사람 한 사람의 자발적이고 창의적인 공동작업, 의식과 무의식 내용의 실제적이고 구체적인 대면이 함께 작용하였다.

그러나 늦어도 이때쯤이면 사이코드라마에서 진행되는 과정에 대한 이론적인 이해가 학파에 따라, 혹은 사이코드라마 작업을 하면서 기울이는 관심과 추구하는 목표에 따라 달라진다.

위에 든 예의 이해와 심리학적 해석도 어떤 심리학적 입장을 취하느냐에 따라서 달라지는데, 한 사이코드라마 세션이 그다음에 어떻게 진행될지도 마찬가지이다. 프로이트의 정신분석, 융의 분석심리학, 행동치료나 교류분석TA(transactional analysis)에 따르는지, 좀 더 교육적이거나 분석적인 목적을 추구하는지 등등에 따라 달라진다.

긴 기간 동안 한 사이코드라마 그룹에 참여하게 되면 개인의 발전이나 그룹의 공동 작업에 어떠한 흔적이 남지 않을 수 없다. 이론적인 형태로 무의식에 대해서 말하지는 않는다 하더라도, 개인적 혹은 집단적 무의식의 내용을 다르게 이해한다는 사실 만으로 그룹의 작업이 달라진다. 지도자가 무의식에 어떠한 입장을 취하느냐가 이 작업에 반드시 영향을 끼친다. 이 책에는 모레노식의 사이코드라마 방법이 분석심리학에 의거하여, 더 정확히 말하면 융학파 분석가인 치료자의 사이코드라마 경험에 의거해서 소개되어 있다.

우선 사이코드라마와 분석심리학의 '발견자'와 창시자들의 전기가 꼭 소개되어야 할 것 같다. 그들의 인격과 삶 혹은 그들의 심리적 구조와 이에 상응하는 삶의 체험이 그들 작품의 전제조건이고 일부이다.

다음으로 모레노가 발전시킨 사이코드라마를 소개하고, 이것이 융의 치료 형식에 의해 어떻게 변형되는지 보여줄 것이다. 방금 예시한 사이코드라마 사례를 더 깊이 심리학적으로 고찰해보고자 한다.

이후에 여러 가지 주제의 사이코드라마 사례들을 통해 어떻게 적용할 수 있는지 상상할 수 있도록 도울 것이다.

마지막으로 나는 얼핏 보기에는 서로 관련이 없을 것 같은 모레노와 융의 심리학적, 철학적, 치유적 이념 사이에 짐작될 수 있는 근본적인 연관성을 다룰 것이다. 겉보기에는 사이코드라마와 융 심리학이 근본적으로 너무나 다른 수단으로 여겨지기 때문에, 이 일은 두 분야를 피상적으로만 아는 사람은 할 수 없는 일이다.

모레노와 융 1

사이코드라마와 분석심리학은

각각 한 인간의 평생에 걸친 작업의 결과이다.

그 창시자 야콥 레비 모레노Jakob Levy Moreno(ca.1889~1974)와

칼 구스타프 융Carl Gustav Jung(1875~1961)은

둘 다 정신과의사이고 거의 동시대인이다.

그러나 둘은 서로 아주 다른 개성의 소유자이며,

이에 따라 아주 다른 삶을 살았다.

모레노와 융 1

사이코드라마의 창시자 모레노

모레노의 탄생은 신비에 차 있고 불확실하다. 마이어 백과사전Meyers Enyzklopädischem Lexikon에는 1892년 5월 20일이 생일로 되어있고 다른 곳(Grete Leutz, 1974)에는 1889년 5월 18일에 태어난 것으로 되어있다. 모레노가 나중에 교구 의사로 일했던 빈 근교의 회스라우Vöslau 동사무소에는 1890년이 태어난 해로 기록되어 있다. 마이어 백과사전에 적혀있는 대로 부카레스트에서 태어난 것이 아니라면, 항상 움직임 속에 있던 그의 일생을 잘 반영하듯이 그의 부모가 흑해를 여행하는 중1889년에 배 안에서 태어났다.

융의 삶과 저작, 그의 사상과 꿈들이 거듭 출판된 그의 자서전을 통해 알려진 데 비해 모레노의 자서전은 모레노의 제자이자 친구인 루이스 야브론스키Lewis Yablonsky가 전하는 바에 의하면 모레노가 죽기 직전에 그에게 읽도록 주었으며 그것에 대해 모레노와 대화를 나눈 후 행방불명 된

듯 하다.[1] 나는 여기서 그의 여러 책에 산발적으로 나와 있는 자서전적 인 내용들과 그의 친구와 제자들(특히, 딘 엘레프서리Dean Elefthery와 도린 엘레프서리Doreen Elefthery와 그레테 로이쯔Grete Leutz) 사이에 전해지는 이야기와 1955년 출간된 『나의 자서전 서곡Preludes To My Autobiography』을[2] 토대로 기술한다. 이 서곡들은 너무 많은 자서전적 내용을 학문적인 저서에 섞어 넣는다는 비평을 받은 후 쓴 것이다. (그래서 『자서전 서곡』은 거의 저서의 기원과 확산에 관한 것만으로 이루어져 있다!)

모레노는 부카레스트의 유대인 가족에서 태어나 5살부터 비엔나에서 자랐고, 의학공부를 하여 1917년에 의사가 되었으며 1925년에 비엔나를 떠나 미국으로 이민 갔다.

모레노는 '자신의 첫 사이코드라마'를 지도했던 5살 때를 사이코드라마 경력이 시작된 것으로 보았다.

> 그는 다른 어린아이들과 비엔나에 있는 부모집의 지하에서 그룹으로 놀면서 그들이 즉흥극Stegreif-Spiel을 하도록 했으며 자신은 신의 역할을 하고 다른 아이들이 천사 역할을 하도록 하였다. 의자들을 천장까지 쌓아올린 다음 자신은 그 위에 앉고 다른 아이들은 그의 주변을 돌면서 노래하면서 손으로 날갯짓을 하였다. 그는 한 아이가 그에게 날 수 있느냐고 묻기까지 이 모든 것에 만족했다. 그는 의심할 나위 없이 역할에 완전히 몰입했기 때문에 "나는 것을 시도했고 곧 바닥에 떨어져서 팔이 부러졌다." 훗날의 사이코드라마와는 아주 다르더라도 이 사건은 창조성, 자발성, 카타르시스와 뜻밖에 당하게 되는 불행 덕분에 생긴 인지력같은 그의 본질적인 모습을 많이 담고 있다.[3]

모레노는 아주 열정적으로 놀이하는 인간이었고, 모든 삶의 상황에서 창조적이고-유희적인 해결법을 찾았으며 놀이를 통해 자신의 성장 방향을 잡아 실행했다.

모레노의 모든 친구들은 그와 마찬가지로 이야기하길 좋아했다. 그는 비엔나의 공원에서 노는 아이들을 바라보다가 그들에게 이야기와 민담을 들려주고, 그들과 놀았고, 그것이 훗날 개발시킨 사이코드라마의 단초가 되었다.

그레테 로이쯔는 다음과 같이 전한다.

> 시간이 흐르면서 이야기 나무로 어린아이들이 정해진 시간에 몰려와 나무 가지나 나무 그늘에 앉아 있던 모레노 주위에 둘러앉아 그의 이야기를 홀린 듯이 들었다. 어머니들, 보모, 공원관리인도 가끔 여기에 합류했다. 놀이를 즐겨하는 아이들은 모레노에게 자극받아 그가 한 이야기를 놀듯이 연기하고 보충하거나 변형하였다. 모레노는 바라보다가 함께 놀았다. 모두 연극을 하였다. … 그는 몇몇 아이들의 눈에 띄는 행동뿐만 아니라 그에 의해 동기 부여된 놀이를 하면서 일어나는 변환을 의학적 안목으로 잘 포착하였다. 버릇없는 개구쟁이들은 놀이하면서 다루고 있는 주제와 역할과 친구와 관계 맺는 일을 배웠다. 그들은 서서히 대인관계가 좋아지고, 부끄럼타는 아이들도 자유롭게 놀게 되었다. 처음에는 변두리에 머물러 있던 아이들도 모레노가 준 역할 때문에 그룹의 놀이에 참가하게 되었다. 어린 아이들은 즐겁게 그들의 역할에 몰두하고 이런 식으로 새로운 행동방식을 배웠다. 역할은 그들의 공격성의 배출구가 되었다.[4]

모레노는 비엔나에서 학생시절에 이러한 창조적인 놀이와 실험을 하였고 1917년부터는 의사로서 여러 가지 영역에서 활동하면서 계속 추진하였다.

학창 시절에 이미 '극장대사원Theaterkathedrale'과 '인본주의 인생극장'을 생각하고 있었다. 그는 글을 쓰고 시를 쓰고 종교적인 이념에 열광하였다. 그의 초기 작품(1914년부터 출판시작)은 표현주의적인 형태로 그의 모든 후기 저작의 근본이 되는 철학적 –실존적– 기초사상을 포함하고 있었다.

그는 『아버지의 유서Testament des Vater』[5])에서 '저술가로서의 신' '연설가로서의 신' '배우로서의 신' 등의 주제 주위를 맴돌다가 '자기 자신으로 가는 길'로 끝맺는다. 『국왕소설Königsroman』에서는 '일련의 끝없는 갈등의 연속'을 기술하였다.[6])

그는 1918년에서 1920년까지 비엔나의 안젠그루버 출판사에서 문학잡지 『다이몬Der Daimon』을 발행하였다. 당시의 저술에는 그가 후에 『서언들』에서 스스로 말하듯이 자신의 열정적인 종교적 감동과 자신의 삶의 질문들과 형이상학적 문제들을 창조적으로 풀려는 노력이 잘 드러나 있다.[7])

그는 항상 –그의 외향적인 태도에 어울리게– '그룹'에 있기를 좋아했다. 아우게르텐의 어린이 그룹 이후에 1913년에는 스피텔베르그의 매춘부 그룹, 1918년 이후에는 담당의사로서 비엔나 근처의 미테른도르프 피난민 수용소에서 피난민 그룹과 작업을 했는데, 이곳에서는 처음으로 그가 나중에 더 연구하고 완성시킨 사회측정학Soziometrie방법의 도움으로 이 집단을 재정리하는 것을 시도하였다. 그는 병원 동료로 구성된 그룹도 만들었다.

1922년 마이제더가세 거리에 결성한 즉흥극장Stegreiftheater에서 그는 자신의 첫 사이코드라마 그룹의 지도자이자 놀이자였다.

이 즉흥극장으로부터 '극장 혁명'을 꾀하였다. 여기서 존재와 현상이 연결되어야했다. 무대와 관객사이의 벽과 놀이자와 관객사이의 벽이 무너졌다. 그는 1923년 자신의 책 『즉흥극장Stegreiftheater』에 "배우와 관객사이의 대극이 사라지고 전체 공간이 극장으로 변했다."라고 했다.

이것은 "모두가 함께하는 모든 이의 극장, 쉬지 않는 존재의 어스름, 놀이권능자Spielmächtiger 혼자가 아니라 … 모두가 그와 함께 놀이를 해서 그를 권능 있게 만든다. 마치 모두가 신을 탄생시키지 않으면 신이 되지 않듯이."[8)]

즉흥극장은 극장으로서는 별 성공을 거두지 못했지만 모레노는 여기서 성인들과 작업하면서 나중에 만들어낸 사이코드라마와 집단치료 형식의 기초가 되는 경험을 쌓았다. 모레노는 나중에 집단치료의 뿌리를 의학, 사회학과 종교라는 세 영역에서 찾았다.[9)] 의학적 뿌리는 정신병리에 대한 관심과 치료에 대한 열망이었다. 그에게 치료란 의료형태이면서 특수한 봉사행위였으며 사회학적 뿌리와 종교적 뿌리에 기초한 세계관이 자신에게 던지는 과제이자 책임으로 여겨졌다. ('치유자' – 그리스어로 '섬기는 자'라는 뜻이 있다.)

그는 치유적 행동의 목표 집단을 '감정적 프로레타리아emotionale Proletariat' 라고 이름 지었는데, 마르크스의 경제적 프로레타리아는 아니다. 세계 질서가 더 이상 스스로 치유적으로 작용하지 않기 때문에 '치유가 필요한' 즉 '감정적 프로레타리아'가 나타났다. 모레노는 경제적 프로레타리아보다 감정적인 프로레타리아가 더 파악하기 힘들기 때문에 훨씬 더 문제성이 있다고 보았다. 각자 자신의 역량을 더 잘 발휘할 수 있도록 그룹을 재구성하여 이 수많은 희생자들에게 보다 더 나은 삶의 조건을 마련해 주고자 하였다. 당시 사회학(1914~1925)에서는 그룹의 관계 분석에 대한 객관적인 조사방법이 부족했기 때문에 그가 스스로 개발해야 했다. 그는 사회역동적인 효과를 연구했기 때문에 그것을 위해서 사회측정 테스트를 개발해서 그룹 구성원간의 끌어당기는 힘과 밀어내는 힘의 불균등한 분포를 측정하였다. 그리하여 사회측정학의 기초를 만들었다.

고립, 열등 콤플렉스, 관심부족 등의 원인들을 접하면서, 치료형식으로 사이코드라마를 개발하였다.

그가 집단역동과 집단치료적인 작업을 하게 된 세 번째 동기는 종교적 영역에서 나왔다. 모레노는 종교적인 감흥이 있는 사람으로서 당시 문화 속에 더 이상 인간이 의미 있게 구성된 세계질서의 일부라고 느낄 수 있는 생동하는 종교체계가 없어서 고통스러워했다. 그는 "스피노자가 신과 세계를 하나로 보면서 시작한 세상의 탈신화脫神化를 … 니체, 마르크스와 프로이트는 도덕적 가치를 재평가하고, 경제에 관한 분석과 정신분석을 통해 이어간 것"을 유감으로 생각했다. "마르크스는 인간을 단지 사회의 구성원으로 보았고 사회내부의 투쟁을 그의 최종 운명으로 보았다. 프로이트는 인간의 상황을 탄생과 죽음사이에서 방황하는 것으로 보았다. 더 이상의 우주는 포함되지 않았다. 우리 시대의 과제는 인간을 우주 안에 다시 자리 잡게 하는 것이다."[10]

모레노는 융의 사상을 알지 못했다. 그럼에도 불구하고 그의 관심사는 '우주적 존재'로서의 인간을 자발성과 창조성 그리고 '중심'으로 되돌아가게 하는 것으로서 우리가 나중에 보게 되는 바와 같이 융의 관심사와 가장 깊은 곳에서 연관되어 있다.

모레노의 작업이 자라나온 이 세 뿌리의 순서를 아마도 거꾸로 볼 수도 있을 것이다. 종교심이 발동하여, 새로운 방향성을 찾아서, 창조적인 인간으로서 오늘날의(당시의) 세계와 사회에 대면하였다. 그는 '생성되어가는 우주'의 치료를 성취하기 위하여 세계와 사회 – 특히 이후 수 년 동안 – 의 구체적인 현실의 모습을 연구하였다.

모레노는 인간을 '우주적인 존재'로 보았고 프로이트의 개인적인 가치나 마르크스의 사회경제적인 가치보다 더 많은 것을 포괄하는 존재로 이해했다. 인간은 우주적 본질로서 시간, 공간과 보여지는 현실을 뛰어넘는 세계질서cosmos를 지니고 있다. 인간이 기존 종교에 얽매이면, 최고 우주적 본질에 대한 믿음이 대부분의 인간에게 상실된다.

그러나 '신은 죽지 않았다.' 그는 단지 '밖에서' 찾을 수 있는 것이 아니라 인간 안에 있다. "신의 상은 모든 인간 속에 형상을 가질 수 있다." "우리는 … 무수히 많은 사람들이 자신 안에서 신을 육화肉化할 수 있다는 것을 본다." 그래서 "사이코드라마의 세계에서 … 중요한 것은 … 육화이다. 자신이 본대로의 신을 자신의 행동을 통해서 표현할 수 있다."[11]

세계질서는 우주 안에서 뿐만 아니라 인간 안에서, 인간과 인간이 만날 때, '내 안에 있는 신이 네 안에 있는 신'을 만날 때 발견될 수 있다.

비엔나에서 모레노의 사회적-치료적 이념은 그의 작업의 핵심이었다. 당시 자발성 극장이 가능한 치료형태라는 생각과 기대를 공유한 사람은 많지 않았다. 즉흥극장에 공감하는 이들이 점점 줄었고, 무엇보다 언론은 악평을 하였다.

모레노는 즉흥극장으로 프로이트의 정신분석을 넘어서 앞으로 나아가려했기 때문에 이러한 상황에 더욱더 실망하였다. 그는 '삭막한 세팅', '2차원적인 공간', '치료기반으로서의 안락의자', 즉 내담자와 치료자 사이에 같은 인간으로서 관계를 맺지 않는 것을 받아들일 수 없기 때문에 정신분석을 거부하였다. 그는 그것을 인간의 본질에 적합하지 않은 비인간적인 것으로 보았다. 그는 자유로운 공간, 그 안에서 모든 참여자가 언제든 자유롭게 움직일 수 있고 자발적으로 행동해도 되는 공간을 주장하였다. 심적 갈등을 하나의 그룹, 즉 즉흥극장의 경우처럼 여러 동료 인간들과의 만남 가운데 갖추어진 구조 안에서 표현하면 치료적 · 교육적인 기회가 생긴다고 보았다. 자신의 본성에 어울리게도 모레노는 정신분석에 반대하였다. 그 이유는 구체적인 체험이나 생생한 통찰을 해치고,

'지금 그리고 여기hic et nunc' 에서 일어나는 대신에 과거와 미래를 향하여 있는 것처럼 보이며, 내담자와 치료자 사이에 생생한 인간관계를 제외시킨다는 것이다. '사회학자가 개인을 제외시키는 반면, 정신분석자는 그룹을 제외시킨다.' 모레노는 개인과 집단이 함께 치유적으로 고려될 수 있는 방법을 모색하였다.[12)]

프로이트가 성공하면서 모레노의 기회는 줄어들었다. 그는 자기식의 정신분석에 대한 반대antithese가 별로 성공할 기회가 없다는 것을 알았고, 비엔나를 떠나 동쪽러시아으로 혹은 서쪽미국으로 가서 자신의 사상의 영향력의 범위를 더 넓혀야할지 고려해보았다. 그는 민주주의 국가인 미국으로 결정한 후 1925년에 이주했다.[13)]

모레노는 떠나기 직전 한 가지 발명을 하였다. 예를 들면 성공한 즉흥극 같이 사라져 버리는 순간들을 포착하기 위해 소리를 재생하는 기구를 발명하였다. 그것이 녹음기의 시작일 것이다. 그는 1924년 자신의 발명품에 특허를 내고 1925년 이 기계를 가지고 뉴욕으로 가서 그 특허를 팔아서 그의 차후 근거지가 된 비콘Beacon에 땅을 사서 집을 지어 첫 사이코드라마 무대이자 개인 정신과 환자 요양소를 만들었다.

1925년부터 그의 영향력이 확대되기 시작하여 수년 동안 고아원, 교도소와 병원에서 사회측정학적 실험과 조사를 하였다. 그 결과를 1942년 『누가 살아남을 것인가Who shall Survive?』 혹은 『사회측정학의 기초Die Grundlagen der Soziometrie』[14)]라는 책으로 매듭지었고 사회측정학 연구소와 뉴욕 사이코드라마 극장을 열었다.

모레노가 넓은 세상으로의 길을 찾아 무한한 가능성의 나라인 미국으로 간 것은 그의 밖으로 향하는 본성, 자신의 외향적 태도를 따른 것일까? 혹은 이론적 · 철학적으로 분석하면서 그가 만든 명제와 공리를 파고들고 그와 다른 심리치료적인 사상들과의 차이를 직면해야하는 내적인 필요로부터 달아난 것일까?

자신의 본성에 어울리게 그는 예를 들어 프로이트나 정신분석을 말로 반박하면서 논쟁하는 것이 아니고 그의 방식대로 그에 반항하면서 행동하였다. 그는 '최고의 가치'를 표현하는 것에 충실하였고, 그가 연구하고자 했던 '인간 사이의 관계'를[15] 위하여 자신의 방식으로 집단과 집단 역동 연구를 추구하였다. 그는 미국에서야 비로소 비엔나에서 시작한 사회적 치료적 그룹과의 시도들을 대규모 실험으로 확대했고, 교육시설과 교도소와 병원에서 여러 해에 걸친 연구로 학문적인 기초를 세웠다.

1932년 그는 그곳에서 실제로 시험을 거친 개념인 '그룹심리치료'를 사용하였고 점점 더 많은 사람들에게 사회측정학, 집단심리치료, 사이코드라마의 창시자로 알려졌다. 그는 자신의 센터를 만들고, 병원에 사이코드라마 무대를 만들었으며, 뉴욕에 모레노연구소를 설립했고, 1954년 린다우어 심리치료 주간Lindauer Psychotherapie-Woche에서의 시연을 시작으로 여러 나라에서 많은 사이코드라마학회에서 강의와 사이코드라마 시연을 하여 국제적으로 알려졌다.[16]

모레노의 치유관은 소그룹 속의 개인에만 국한되는 것이 아니다. "실제로 하나의 치료 행위의 최종 목적은 전체 인류일 수 있다."[17] 이것은 그가 발달시킨 사회측정학에 기반을 두고 가능한 것처럼 보인다. 사회측정학 테스트를 통해 사회 구조가 정해질 수 있으며 그룹의 구성원들 사이에 끌림과 밀어냄을 정확히 측정할 수 있다. 그래서 "한 집단의 사회측정학적 지형학은 명료하게 될 수 있으며 많은 사회적 긴장은 그룹을 재구성함으로써 풀릴 수 있다."[18]

모레노 이론들은 종교적인 사상에서 유래하였고 행동으로 옮겨졌다. 그에게 말이란 별 의미가 없고 행동이 전부였다. 그래서 그는 "태초에 말씀이 있었다" 고 하는 대신에 "태초에 행동이 있었다"고 말한다. 모든 이론적인 인식과 마찬가지로 모든 내적인 체험은 밖으로, 가시적인 행동으로 옮겨졌다. 그는 사이코드라마를 이미 말한 바와 같이 "영혼의 진리를 행동을 통해 탐구하는 방법"이라고 하였다.[19] 모레노는 자신의 삶을 세 단계로 보았다. 유럽시절에는 경험과 체험이 생겨났고, 미국에서는 그것을 바탕으로 약 1942년까지 자신의 작업을 구축하고 확장시켰다. 그 후에는 자신의 체험, 즉 사회측정학, 그룹치료, 무엇보다 사이코드라마를 확산시키는 시기가 이어진다.

모레노가 오늘날 집단치료가 세계적으로 유행이 된 것을 안다면 만족스러워할까? 나는 그렇지 않을 것으로 본다. 그는 일반적으로 집단이 움직이다가 가끔 치유 효과도 얻게 되는 것과 숙련된 치료자에 의해서만 의미 있게 사용될 수 있는 학문적 토대를 둔 도구로서의 집단 심리치료를 철저히 구별하였는데, 심리치료법으로 개발시키기를 열망하였던 사이코드라마와 한번 더 특별히 구별하였다. 모레노는 다른 학파가 사이코드라마를 대폭 변경하여 자신의 이론과 그가 보았던 종교적 배경을 떠난다면 사이코드라마가 의미 있게 치유적인 힘을 발휘할 수 있을지 회의를 표명한 바 있다. 그래서 오늘날 치료자들이 사이코드라마의 의학과 사회학적 뿌리만 보고 '우주', '중심' 혹은 자기 자신과 인간의 종교적인 관계에 둔 뿌리를 보지 않는 경우를 모레노가 안다면 특히 마음 아파할 것이다.

그의 파란만장한 외적 삶에 균형을 유지하려는 듯 모레노는 뉴욕의 비콘Beacon, N.Y.의 허드슨Hudson가에 세상의 번잡함으로부터 멀리 피하여 울창한 숲 속 자신의 집에 사이코드라마 수련센터를 만들었다. 그러나 이곳에서 지속적으로 주말세미나, 마라톤 사이코드라마 세션, 지도자수련집단을 이끌었고, 아주 많은 사람들을 만났다. 그가 85세경 여러 번 뇌졸중 발작으로 몸져누웠고, 곧 죽을 것이라는 것을 알았기 때문에, 그를 돌보던 아내가 어렵게 방문객들을 물리쳤지만 그는 마지막으로 말했다.

"거절하지 말아요! 누구나 원하는 사람은, 비콘으로 나를 보러 오게 합시다." 모레노가 창립한 '미국 집단치료와 사이코드라마협회Amerikanische Gesellschaft für Gruppenpsychotherapie und Psychodrama' 모임이 있을 때 수백 명의 사람들이 그를 보러 왔다(Yablonsky).

모레노는 죽는 순간까지 모든 '동료 인간들과의 관계' 준비가 되어 있었고, 동료 인간에는 넓은 우주도 포함되어 있었다. 왜냐하면 –'우주적인 존재'로서 모든 인간은 신적인 존재의 육화 혹은 구체화일 수 있기 때문이다.

1966년 바르셀로나에서 열린 사이코드라마 학회에서 그는 말했다.

"신은 어린아이들에게와 마찬가지로 우리 안에 그리고 우리 주변에 영원하다. 그가 더 이상 하늘에서 내려오지 않는다면 신은 무대의 문을 통해서 들어올 수 있다. … 신은 죽지 않았다. 신은 사이코드라마에 살아있다."[20)]

모레노는 죽음에 임박해서까지 자기 자신의 사이코드라마 지도자였다. 1974년 뇌졸중으로 드러누웠을 뿐만 아니라 말하기가 곤란하게 되었을 때, 단단한 음식 섭취가 고통스럽기만 했을 때, 그가 임박한 죽음을 느꼈을 때, 그는 임종을 늦추려하지 않았다. 그래서 그때부터 음식을 전폐하고 맑은 물만 마셨다.

모레노는 그렇게 그의 마지막 며칠을 침대에서 버텼고, 그의 수많은 예전 학생들, 친구들, 동료들이 침실로 방문하였다. 모든 방문객은 존경심에 가득 찬 작별인사를 하였고, 모레노와 호의적인 몇 마디를 나누고 침대위로 몸을 굽혀 그와 포옹을 하였다. 그러면 모레노는 주먹을 쥐어 들어 올려 보이며 '힘내라'는 인사를 하였다.… 마치 이제는 다른 이들이 그가 시작한 좋은 일을 계속할 차례라고 말이라도 하는 듯이.[21)]

그렇게 모레노는 자신이 만들어낸 최초의 사이코드라마와 그의 마지막 사이코드라마를 하나의 원으로 연결하였다.

모레노는 1974년 5월 14일 임종하였다.

분석심리학의 창시자 융

융C.G.Jung은 1875년 7월 26일 투르가우 주Kanton Thurgau보덴호수가의 케스빌Kesswil에서 태어났다. 스위스가 그의 평생 동안 활동 영역이었다. 유년기, 청년기와 학생 시절을 바젤Basel과 그 근교에서 보냈고, 나중에 취리히Zürich 근처의 퀴스나흐트Küsnacht에 살았다.

융의 부모는 모두 지식인 가문에서 태어났다. 그의 아버지는 바젤 근처의 교구 세 곳의 지방 목사였다. 아버지의 두 형제도 목사였다. 어머니 쪽 가문에도 여섯 명의 목사가 있었는데, 융의 외할아버지는 특히 유명한 신학자였다.

융이 태어나기 이전 부친 쪽으로 칼 구스타프로 불리는 할아버지가 있었는데 이름이 같아서 자신과 연결되어있다고 느꼈다. 그의 할아버지는 바젤에서 거의 전설적인 인물이었다. 바젤 대학의 알렉산더 폰 훔볼트의 추천을 받아 독일에서 이민와서 스위스 국민이 되었다. 그는 28세에 해

부학, 외과 의술, 산파술의 주임교수직을 맡았고, 나중에 대학 총장이 되었다. 그는 학술논문 뿐만 아니라 희곡을 쓰기도 했다.

융은 태어나면서부터 종교, 자연과학, 인문과학의 대립된 힘들의 작용으로 긴장이 감도는 분위기에 처해 있었으며 자신이 일생동안 씨름할 주제들을 만났다. 그는 할아버지가 그러했듯이 따뜻하고 명랑하여 쉽게 주변 사람들의 사랑을 받았다. 그의 활기넘치는 웃음과 그가 흥겨운 축제를 좋아했던 것은 거의 전설적으로 전해진다.[22)]

그러나 융은 자서전에 자신을 유년 시절부터 진지하고 사색적인 사람으로 묘사하고 있다. 그는 알고자 하는 열정이 강했으며 어려서부터 영혼의 체험들에 매료되었고 이 체험들이 자신의 길을 한 걸음 한 걸음 내 딛게 하였다.

자서전에서 그는 서너 살 되었을 때 꾼 꿈이지만 너무 특이하여 경외심을 갖게 되고 아무도 이해하지 못하리라는 것을 알아채고 어느 누구에게도 알리지 않았던 꿈을 이야기하였다.

> "어릴 적 꿈 때문에 나는 지구의 비밀들을 알게 되었다.… 당시 나의 정신적인 삶이 나도 모르는 사이에 시작되었다."(p.21)[22)]

그가 꿈속에서 본 것은 '지하에 있는 언급해서는 안 되는 신'(p.19)으로, 세상에 널리 이야기되어지고 있는 '주 예수'에 맞서는 '지하에 있는 상대자Gegenspieler'로 평생 남아있었다. 그의 꿈은 경악스러워서 평생 잊혀지지 않았다. 훗날 그는 말하였다.

> "나의 젊은 시절 전부는 '비밀'이라는 단어로 이해될 수 있다. 그래서 거의 견딜 수 없는 고독에 빠지게 되었다.… 지금도 그렇지만 이미 당시에 세

계에 대한 나의 관계가 그러하였다. 다른 사람들은 알지도, 알고 싶어하지 도 않는 것들을 나는 알고 알려야 하기 때문에 지금도 외롭다."(p.47)

모레노의 어린 시절 체험들이 다른 아이들과 함께 나누는 세계로 인도했던 반면 융의 초기 영혼체험은 그를 내성적이고 진지하게 만들었고 마을 아이들과 어울리지 못하게 했다. 모레노와 마찬가지로 융 또한 일찍이 신비함에 이끌려 유년기부터 '우주적인' 질문들과 대면하였는데 모레노가 풍부하게 표현주의적인 형식이었다면, 융은 그 특유의 내향적인 방식으로 하였다. 자신의 체험이 익어가도록 만들어서 나중에 그 맥락을 깨닫게 될 때까지 융은 질문들을 마음 속에 품고 숙고하였다.

"그것들은 지하에서는 서로 연결된 하나의 줄기에서 올라온 각각의 가지들이었다. 그것들은 무의식적인 발달과정의 진행단계들이었다."(p.33)

아주 인상적인 예는 놀이와 같이 자발적으로 한 행동을 통한 체험으로 자신 내면의 아주 큰 분열과 불확실함으로부터 벗어나는데 도움이 되었다. 그가 35년 뒤에야 이 일을 기억해 내었고 그 때야 비로소 이해하고 스스로 해석하였다.

그는 나무를 깎아서 '프록코트를 입히고, 깨끗하게 닦아 약을 발라 반짝이는 신발을 신은 원통모양'의 작은 인형을 만들었다. 그는 그 인형을 모직 천으로 싸서 그림을 그린 돌 옆에 놓고 노랗게 니스 칠을 한 필통에 넣고 지붕 밑 다락방의 대들보 위에 숨겼다. 어려운 일이 있으면 … 몰래 올라가서 … 제일 높은 다락방으로 가서 … 상자를 열고 작은 인간과 돌을 보았다. 그때마다 작은 종이 두루마리에 써놓은 글을 그 안에 놓았다.

학창시절에 내가 고안해낸 비밀글씨로 썼다. 작은 글씨로 꽉 차게 써넣은 종이 두루마리들인데 작은 인간에게 보관하도록 넘겨준 것이다. 새로운 종이 두루마리를 주는 행위는 항상 어떤 제의적인 행동이었다. 유감스럽게도 그 작은 인간에게 무엇을 말하려고 했는지 기억나지 않는다. 단지 나의 '편지'들은 그에게 일종의 도서관을 의미했다.(p.28)

이 에피소드는 "나의 유년기의 정점이자 끝이었다… 그 이후 35세가 되기까지 이 일은 완전히 잊었다. 그때 희미한 안개 같은 어린 시절 중 이 기억의 조각이 아주 또렷이 떠올랐다."(p29)

융은 자신의 책 『리비도의 변환과 상징』을 쓰기위한 사전 작업을 하면서 서로 다른 문화 속에서 '혼魂돌Seelenstein' 이라는 것이 있으며 자신의 작은 인간은 숨겨진 상태로 나타난 신이었음을 알았다.

아스클레피오스Asklepios 역주–의술의 신으로 Apollo와 Koronis의 아들가 두루마리 책에서 낭독하는 모습으로 많이 그려지고 있다. 이것을 기억해 내고서 나는 처음으로 개인의 혼 속에 전통을 통해서 들어온 것이 아닌, 고태적인 영혼의 구성요소가 있다는 것을 처음으로 확신했다.(p.29)

모레노와 마찬가지로 융도 헌신적으로 자신의 놀이 속에 침잠했다. 그러나 모레노와는 달리 융은, 그런 종류의 놀이인 경우 잘 짐작할 수 있듯이, 자신의 모습이 관찰되거나 판단되는 것을 참을 수 없었다.

외향형의 태도와 내향형의 태도의 차이가 이렇게 이미 어린 시절부터 드러나고 있다. 이러한 태도의 차이는 융이 프로이트와 결별한 후 자신의 어려움을 더 잘 이해하기 위해 그의 책 『심리학적 유형』(1921)에 밝혀낸 것이다.(융이 모레노를 알았다면, 융의 태도와 모레노의 태도의 대면일수도 있다.) 그는 이제는 일상용어가 된 외향과 내향이라는 말을 처음으로 만들어 근본적인 구분을 하였다. 내향형의 의식적인 관심은 일차적으로 저절로 자신의 내적인 세계를 향한다. "자신과 지내는 것은 즐거움이다. 자신의 내면 세계는 안전한 항구이며, 조심스럽게 보호된 울타리 안에 있는 정원이어서 세상과 집요한 관심으로부터 보호되어 있다. 자기 자신과 함께 있는 것이 가장 좋다." 그에 반해서 외향성이 강한 이들의 의식적인 관심은 일차적으로 외부세계이다.

> "이 유형의 인간적인 삶은 거의 자기 자신 밖, 자신의 주변에서 일어난다. 그는 남들과 함께, 그들 속에서 산다. 자기 자신과의 관계는 그에게 스산한 것이다."[23]

나아가 융은 네 가지 서로 다른 '적응기능들'을 구별하게 되었고, 그 중에서 각 사람들에게 하나의 기능이 주 기능으로 되어있어서 의식적으로 사용할 수 있다고 하였다. 사고, 감정, 직관 그리고 감각이 그 네 기능인데, 사고의 대극이 되는 기능은 감정이고, 직관의 대극이 되는 기능은 감각이다. 그들은 서로를 배제하는 위험에 처해있다.

특히 주기능에 반대되는 기능을 의식화하고 발달시키는 것이 가장 어렵다. 그래서 융은 '열등기능'이라고 불렀다. 다른 두 기능은 '보조기능'이라고 하여 의식적으로 사용되는 태도와 주기능에 더 잘 참작될 수 있다.

여러 가지 다른 형태의 태도(외-내향)와 유형을 성찰함을 통해 주변 인간들의 이질성, 즉 그들이 체험하고 반응하는 방식이 다를 뿐 아니라 실제로 아주 다르게 세상을 보고, 체험하고, 그래서 다르게 행동**할 수밖에 없다**는 사실을 수월하게 **받아들이게** 된다.

유형론의 입장에서 볼 때 사는 동안 개개인은 원래 적게 사용하거나, 전혀 사용할 수 없는 기능을 서서히 의식화하고 단련해야하는 것이 중요하다. 원래 외향적인 사람은 내향으로, 또 내향적인 사람은 외향으로 갈 준비를 하고 그 능력을 발달시켜야 한다. 그래서 유형을 진단하게 되는 것만으로 충분하지 않다. 각자의 과제는 이제부터 시작되는데, 이제까지 무의식 상태여서 사용되지 않았던 태도와 기능을 연습하고 발달시키기 위해 자신과 대면해야 한다.

융은 프로이트와 함께 정신분석적 연구를 하다가 근본적인 견해 차이가 생겨 결별한 이후에 유형론에 몰두했다. 융은 자신을 내향적 사고형, 프로이트를 외향적 감정형이라고 보았고, 이런 차이도 그들이 갈라서게 된 이유로 보았다.

시골에서 학창시절을 보낸 후 융은 바젤에서 고등학교에 다녔다. 그에게 아주 힘든 시기였다. 그는 급우들과 관계를 잘 맺을 수 없었고, 선생도 그에게 다가갈 수 없었다. 융은 그들이 자신을 '바보스럽고 교활하다' 라고 생각했다고 적고 있다.

그는 당시에도 삶의 외적인 사실들에 대해 이미 관심이 적었다. 자신의 영혼 안에서 그가 만났던 모든 것들에 대한 심리적인 체험, 꿈, 환상, 놀이, 생각들만 그의 마음을 움직였다.

> "다른 현실과의 만남, 무의식과의 충돌이 나의 기억 속에 지워질 수 없이 각인되었다. 그것이 항상 충만감과 풍요로움이었고, 모든 다른 것들은 뒷전으로 물러났다."(p 11)

그는 당시 아무에게도 자신을 전달할 수 없었기 때문에, 예민하고, 신경질적이고, 가까이하기 어려운 사람으로 여겨졌다.

융이 1895년 의학 공부를 시작하고 일 년이 지났을때, 부친이 별세하였고, 5년 후에 학업을 마쳤다. 그는 당시 철학, 역사, 심리학과 나중에 박사논문을 쓰게 된 신비학/심령론Okkultismus에 몰두하였다. 학업을 마치면서 그는 정신의학을 전공하기로 했다.

그는 자유로운 길을 가기 위해 그와 그의 가족이 알려지지 않은 취리히로 갔다. 그는 30세에 뷔륵홀쯔리 대학병원에서 교수와 수석 의사가 되었으며 오이겐 블로일러Eugen Bleuler와 함께 일하면서 조현병 환자들에게 한 '연상검사'로 인정받았다.

모레노의 경우와 비교해 볼 때, 이 단어 연상검사와 함께한 실험적인 연구들이 흥미롭다. 모레노는 **인간 사이의** 관계에 있어서 감정적인 끌림과 밀어냄을 이해하고 이를 바탕으로 사회집단을 치료하려고 했다.(그래서 사회측정학을 창안하였다.) 융은 가장 현대적인 기술적인 도구(검류계와 호흡운동기록기)를 사용해서 '문제가 생긴' 심리간의 관계에 대한 감정적인 반응을 측정하였다. 어떤 특정한 단어의 경우 연상이 '방해 받을 때' 항상 신체적인 반응도 따라와서 의식에 떠오르지 않은 감정을 추론할 수 있다. 그렇게 해서 융은 개인적인 심리치료의 시발점이 될 수 있는 심리적 장애 덩어리, 소위 '감정이 강조된 콤플렉스'라는 결과를 얻었다.

1907년 부터 1912년까지 융은 프로이트와 함께 작업하고 우정을 다지며 정신분석과 대면했다. 뷔륵홀쯔리에서 정신병, 주로 조현병 환자들을 관찰하면서 융은 그때까지는 완전히 의미가 없는 것으로 간주된 망상과 환상들에서 정신분석적 방법의 도움으로 그 상징적인 의미를 발견하는데 성공하였다. 이때 그는 환자의 개인적인 심리나 인생사에서 유래한 것이 아닌 것 같은 자료를 접하게 되었다.

한편으로 융은 프로이트의 이론과 인식들을 밀도 있게 심화시키고, 프로이트의 가장 가까운 동료이자 친구였을 뿐 아니라 19세 연상인 프로이트의 후계자로 예정된 '왕세자'로 불리었다. 다른 한편 그는 처음부터 자신의 정신의학과 심리학적 체험을 통한 지식을 가져왔는데 프로이트의 의견과 모두 일치하는 것은 아니었다.

융 자신의 예를 들자면 –그가 만일 당시 기억했었다면– 정신분석학적 견지에서 단지 '외견상으로는 성적 대상과 비슷했던 것' 으로 해석되었었던 작은 인간과 돌(융이 나중에 썼듯이)에 대해 융은 처음부터 그와는 다르게 체험했고 나중에 다르게 해석했는데, '리비도libido' 라는 글자 그대로의 의미인 영혼의 에너지, 창조적인 충동으로서 해석하였다.

그는 싸서 감추어진 작은 인간 안에서 카비렌Kabiren24)을 보았다. 이것에는 길쭉한 검은 돌을 통하여 삶의 에너지 '리비도' 가 축적되어 있었다. 리비도는 융에게 있어서 성적인 에너지를 의미할 뿐만 아니라 일반적으로 심리적인 에너지, 창조적인 힘과 창조적인 충동을 의미하는데, 이 사실을 프로이트는 받아들일 수 없었다.

두 사람은 리비도 개념을 다르게 이해함으로써 무의식적 내용의 가치와, 심리적 역동을 근본적으로 다르게 이해했다는 것이 명확해진다. 그래서 융이 『리비도의 변환과 상징』(1912)을 출간한 후 공동작업 뿐만 아니라 프로이트와의 우정도 깨진다.

모레노가 프로이트의 치료기반인 '이차원적인 공간으로서의 긴 소파' 가 외적으로 너무 좁아서, 행동을 넓게 할 수 있는 공간으로 뻗어나가, '우주적인 넓이' 를 치료 안으로 끌어들일 수밖에 없었듯이, 융에게는 프로이트가 무의식을 개인사에 의해 규정되는 일부분으로 본 것이 충분하지 않았다. 융은 무의식의 깊은 뿌리까지 '우주적인 깊이' 에 도달하였다.

1912~13년까지는 융의 영향권이 아주 넓어졌다. 그는 부러움을 사는 훌륭한 경력을 쌓아간다. 그는 뷔륵홀쯔리에서 블로일러의 뒤를 이어 제1 주임 교수가 되었다. 취리히 대학의 초빙교수로 1910년부터 정기적으로 '정신분석 입문' 을 강의하였다. 그는 결혼하였고 1908년 아주 크고

아름다운 집을 퀴스나흐트의 취리히 호숫가에 지었다. 그는 학문적 업적으로 스위스 전역에 유명해졌고 미국과 런던에서 강의를 했다. 1909년부터 1913년까지 정신분석운동에 탁월한 역할을 하였고 국제정신분석학회의 초대회장이었으며 정기적으로 발행되던 첫 정신분석학 잡지인 『연보 Jahrbuch』의 주도적인 발행인이었다.

프로이트와 결별 후 융의 삶에 결정적인 변화가 온다. 그는 이제까지의 활동과 사고방식에 거리를 두고 아주 근본적으로 새로운 방향 설정과 자신의 심리학적 사고의 고유 기반을 다져야 했다. 그는 1913년 모든 공적인 지위에서 물러났다. 퀴스나흐트 자택에서 늘어나는 식구들을 돌보며, 자택에 분석실을 두고 분석만 해주며 지냈다. 무엇보다도 1918~19년까지 아주 결정적인 심리과정을 거쳤는데 그것에 기초하여 자신의 이후 저술을 썼다.

모레노가 융과 같은 나이에 미국으로 가서 계속 공적인 활동을 펼쳤고 점점 더 큰 집단과 만났을 때, 융은 공적인 영향력의 범위에서 물러나 자기 실험이라는 위험 가득한 시간을 시작하였다.

> "나의 내적인 그림들을 따라간 이 시절은 나의 삶의 가장 중요한 시간이었다. … 그것은 평생 작품의 원료가 되는 시기였다."(p.203)

> "이 환상들을 이해하기 위해서 나는 흔히 내리막길을 상상했다. … 첫 번에는 말하자면 300미터의 깊이에 도달했다. 두 번째는 이미 우주적인 깊이였다. 그것은 마치 달로 가는 여행이거나 허공으로의 하강이었다." (p.184)

융은 일련의 꿈과 환상들의 체험을 적었다. 아주 절박한 심정이 되면 그는 자발적인 놀이에 몰두했다. 그러나 이 놀이들은 모레노와는 달랐다.

> "끝없는 저항을 하다가 결국 놀이에 몰두했다. 놀이하는 것 이외에 실제로 아무것도 할 수 있는 것이 없다는 것은 극단적인 좌절이고 뼈아픈 굴욕 체험이었다."(p.177)

융은 어린 시절의 구성요소로서 호숫가에서 돌을 가지고 놀던 기억들이 떠오르자 이제 떠오른 내용을 새로운 맥락으로 가지고 와서 이해할 수 있게 되었다.

외면적으로 융은 현실과의 관계를 완전히 유지하였다. 직업생활을 했고, 전쟁터에서 스위스 군인으로 국방의 의무를 이행했고 가정을 이끌었다. 단지 이전보다 좀 더 바깥 세상에서 물러난 듯 보였다. 내면적으로 세계들이 움직였고 심연이 열렸다.

> "나는 많은 환상들이 단단한 현실적 바탕을 요구하는 것을 알았고, 우선 인간의 현실로 돌아와야 하는 것을 알았다. 이 현실은 학문적인 이해였다. 무의식이 내게 알려준 것으로부터 나는 구체적인 결론을 내려야 했다."(p.192)

융은 심리적인 경험의 내용이 '실재한다는' 것을 보여주려고 했고, 집단적인 체험이어서 다른 인간에게도 꼭 같이 반복될 수 있다는 것을 알았다. 다른 시대와 다른 민족도 그런 심리적 내용을 포함하고 있다는 것을 점점 더 많이 입증할 수 있었다.

이 사상과 체험을 가능한 한 학문적인 틀 안으로 가져와야하는 과제를 수행하려고 평생 이십 권 이상의 전집을 펼쳐내게 되었다. 그 외 세 권의 서간집과 1974년 발간된 프로이트와의 서신교환집이 있다.

이 역작을 다루는 것은 이곳에 어울리지 않을 것이다. 그러나 몇 개의 기본 사상들을 짧게 소개해야 한다. 왜냐하면 융학파 분석가들의 사이코드라마 작업에서 치유적 태도에 근본적인 가정이 되기 때문이다. 나는 간단히 원형, 상징, 투사라는 개념들과 융의 무의식에 대한 이해를 다루고자 한다. 다른 기본 개념들은 나중에 나오는 연관관계 속에서 사례를 통해 설명될 것이다.

프로이트와 마찬가지로 융은 무의식이 단지 지금 의식 속에 있지 않은 것 뿐이라고 확신했다. 그들은 무의식이 의식의 관찰로는 직접 볼 수 없으며, 의식의 태도로 받아들일 수 없어서 억압되어야했던 내용들을 포함하고 있다는 데 의견이 일치했다. 그들은 의식에서 지워져서 무의식으로 쫓겨났다. 그러나 그 안에서 자신의 삶을 계속 이어간다. 그래서 무의식 속의 그런 내용들은 장애를 일으키면서 작용한다. 그래서 실수하게 하고 여러 가지 심인성 신체장애들이 보이게 한다(예를 들면 얼굴이 붉어지는 것). 영혼의 건강을 위해서 이 '억압된' 내용이 장애를 일으키면서 자신의 존재를 나타내면, 자신을 안절부절 못하는 상태로 그대로 둔 다음, 결국 이 내용을 인식하고 의식에 연결시키는 '통합'이 필요하다.

융은 이미 블로일러를 보조하는 상급의사 시절 초창기 때부터 무의식의 다른 층을 체험하기 시작했다. 정신병적인 생각이나 상像들을 관찰하면서 나중에는 환자들이나 자기 자신의 체험들에서 무의식이 개인의 억압된 사건 혹은 욕구들을 훨씬 더 넘어선 영역까지 미친다는 것을 체험했다. 그는 '개인 무의식'과 같이 개인적 체험이나 의식이 평가 절하한 내용들에서 유래한 것이 아닌 다른 무의식의 내용을 만나게 되었다. 그는 개인적인 시간이나 공간과 관련 있다고 볼 수 없는 영혼의 영역에 모든 인간이 관련된 것을 발견하였다. 이것은 개인이 억압한 것이 아니고 그와 반대로 아직 알려지지 않았거나 체험하지 않은 것들이 들어있는 곳이다. 그는 이 무의식의 깊거나 혹은 넓은 '영역들을'(분명히 어느 곳에 있는지 '딱 집어서 말할 수 없는 것을') 집단 무의식이라고 하였다. 이곳에서 융은 삶에 적대적이고, 건강을 위협하는 것이 아니라 그와 반대로 인간적 체험의 가능성의 기반, 인간의 의식보다 크면서 동시에 선재하는 기반을 발견하였다. 그래서 인간의 몸–영혼의 건강은 의식이 이 뿌리 바탕과 연결되어 존재하는 것, 혹은 다시 관계를 맺는 것이 중요하다. 의식이 항상 새롭게 이 기반과 관계를 맺는 것–예를 들면, 수면이나 꿈들–이 중요하다.

일방적이 되는 경향이 있는 의식성에 유리하도록 무의식을 "수리하는 작업", 즉 "없애는 작업"을 하는 것이 아니라, 그 반대로 의식과 무의식 사이에 최대한 생동하고, 현실적인 관계를 형성하는 것이 중요하다. 그리고 예를 들어, 대부분은 아니더라도 여러 사이코드라마는 그러한 현실적 관계를 다시 만드는 것을 다루고 있다. 그 이유는 무의식적 차원과 의식적 차원이 만날 때, 의식적인 동일성 그리고 무의식적 부분들을 포함하는 전체적인 인간이 사이코드라마에서 파악될 수 있고, 이해될 수 있다.

융이 수집한 모든 집단 무의식에서 유래한 풍부한 자료를 연구하면, 반복되는 특정한 구조나 그 구조에 해당하는 상들을 만드는 구조 요소들이 보인다. 이러한 상이나 체험을 규정하는 구조를 융은 **원형**Archetyp (근원이 되는 상Ur-Bilder)이라고 하였다. 이 구조가 원형적인 상들을 불러 내고, 이에 영향을 줄 수 있다. 심혼의 원형들, 구조들은 그러니까 그 자체로서 아무런 내용이 없다.

> "원형이란 그 자체로는 텅 비어있는, 형식적인 요소이어서, 선험적으로 주어진 표상형식vorstellungsform의 가능성…에 지나지 않는다. 그 표상들은 유전되지 않지만, 그 형식은 유전된다."[25)]

이와 함께 융은 본능에 대해 말한다. 원형들이 유전된 체험의 유형이라면, 본능은 **행동**의 유형이다. 그것들도 역시 들여다 볼 수 없고, 그것들로 인해서 유발된 본능 **행동들**을 통해서야 인식될 수 있다. 원형상들이 유전되는 것이 아니라, 구조 속에서 우러나는 가능성, 심리적인 체험들이 항상 같은 상들로 체험된다. 그러나 "한순간도 원형이 결국 설명되고 그로써 해결되었다는 착각을 해서는 안 된다"(개인적으로 억압된 것이 그렇듯이). "아무리 설명을 잘 한다 해도 결국 정도 차이는 있지만 다른 그림언어로의 성공적인 '번역'에 지나지 않는다."[26)]

이러한 의미에서 사이코드라마는 원형적인 내용을 다른 그림 언어로, 구체적인 신체 형상과 행동의 언어로 번역한 것이라고 할 수 있다. 우리가 들여다보고 체험할 수 있는 것은 사이코드라마를 만들어 내는 구조의 요소가 아니라, 단지 만들어진 것, 그 원형상들 뿐이다. 그런 것을 상징이라고 한다.

상징들은 표시나 기호나 비밀스런 내용을 암호화한 것도 아니고 -감각적으로 인식할 수 있는 형체로- 작용하는 힘들의 대변자들이다. 그들은 그 자체가 아니라 다른 것을 보여주고 있다. 그래서 상징을 만나는 인간은 상징이 보여주고 작용하는 강력함에 의해 감정적으로 움직여진다.

예를 들면 여러 꿈들 속에서 -그리고 많은 사이코드라마에서- 그렇게 형상화된 것들을 만난다. 즉, 우리가 '쉽게' 다른 언어로 '번역'해서 이해할 수 있는 것이 아니라 바로 이 형상을 통해 우리의 기분의 흐름을 움직이게 하고 우리를 이 움직임 속으로 데려오는 상징의 성격을 띠는 그림들이나 행동들을 만난다.

이러한 가정 하에 우리는 말할 수 있다. 사이코드라마의 시작부에 설명한 한편으로는 '개인적 무의식'에서 유래한 일련의 무의식의 내용을 만날 수 있고, 다른 한편으로는 가령 집, 어머니, 아버지, '마녀'들의 형상을 띤 상징들을 만날 수 있다. 이것을 더 잘 이해할 수 있기 위해서 '투사' 라는 개념을 다루는 것이 필요하다.

투사는 모든 사람들에게 언제든지 필연적으로, 자발적으로, 즉 무의식적으로 자기도 모르게 일어난다. 그것은 어떤 상이 스크린에 던져지는 것처럼, 내적인 영혼의 내용이 밖으로 옮겨지는, 밖의 실제의 사물이나 인물에 '던져지는'(투사라는 단어의 의미 그대로 앞으로 던지다pro-jizieren) 무의식적 과정이다. 그곳에서야 비로소 원래 무의식적이었던 의식의 내용이 '보여지고', 지각되고, 체험될 수 있다.

> 의식이 자신의 무의식적 내적공간을 직접 들여다 볼 수 없으므로, 내적인 공간에서 몇개의 빛줄기가 밖으로 나와서 적당한 토대를 만나야한다. 그래야 비로소 의식이 이 토대, 즉 투사를 받은 대상에서, 자신 안의 들어갈 수 없는 내면의 공간에서 유래하는 것의 모사摹寫Abbild를 본다.[27]

물건이든, 인간이든 어떤 행동이든 밖의 세계에 있는 무엇인가가 감정적으로 강하게 우리를 건드린다면, 그래서 우리의 감정이 긍정적이든 부정적이든 '움직이면', 그것은 우리 안의 것이 밖으로 나타난 면을 포함하는 상징의 성격을 띤다고 보면 된다. 그것은 힘 –혹은 구조–을 가리키는데, 이 힘은 자신 안에 있는 것이 아니라 인간의 (무의식적인) 영혼으로부터 기인하는 것으로 외부 세계와 만남으로써 비로소 자신이 체험한 내용 중 자기 자신에 해당하는 것을 인식하거나 인식할 가능성이 있다.

예를 들면, 십자가, 진주, 비둘기, 만찬과 같은 집단적인 상징들 속에서 개개인의 심혼은 소위 인류의 집단적인 영혼, 즉 집단 무의식에서 나와서 투사되거나 형성된 것을 발견한다. 심혼은 이 투사된 것에 적응하면서 녹아들어가서 적당한 경우와 적당한 시간에 집단적인 상징 안에서 개인적인 자신의 내용들에 도달할 수 있다.

일반적으로는 의식화 과정에서, 특별하게는 갈등 상황이나 우리를 강하게 뒤흔드는 사건들에서, 우리가 체험한 것에서 나에게 속하는 것을 알아차리는 것이 중요하다. 즉, 낯선 것에서 자신의 것을 인식하면서 투사를 '거두어들인다.' 그래야 우리는 우리가 상대하고 있는 인간을 어느 정도 '객관적'으로, 우리 자신의 삶, 우리의 심리적 구조와 섞지 않고 실제 있는 그대로의 모습으로 인식할 수 있다.

상징원형적인 그림들은 '번역'될 수 없고, 오로지 체험될 수만 있다. 그들은 자율적으로, 힘있게 파고들기 때문에 영향력이 있다. 개개인의 인간은 그래서 상징, 즉 투사를 받는 대상에 대해서 아주 다른 관계를 맺을 수 있다. 약한 자아의식은 만나는 상징들의 좋거나 나쁜 힘들에 노출되어 있다고 느낀다. (어린이, '원시인', 어떤 어른들, 예를 들면 모나의 사례에 나오는 '매춘부'나 '마녀'와 관계가 있던 그 숨어있던 여성의 경우가 해당된다.) 그러나 우리는 상징이 지시하는 곳을 따라가 그 영향력 '주변을 맴돌다가', 마침내 그것을 커다란 맥락 속에서 인식하여 의식에 연결하는 노력을 해야하고, 할 수 있다. 즉 투사를 받는 자의 영향력 속에 자신의 부분을 인식하고 자신이 책임지며 자신에게로 거두어들여야 한다. 이것이 사이코 드라마 방법의 목표이다.

학문적으로 훈련받은 정신과 집단적 무의식의 구조를 대면시키는 것과 그것이 드러나는 형식이 융의 삶과 역작의 기초가 되었다. 그의 전 생애는 바로 이 긴장의 장에서 펼쳐졌다. (1928년 출간된 그의 책 『자아와 무의식 사이의 관계』)

이를 외적으로 반영하듯 그는 집이 두 채였다. 하나는 자신의 분석실이 있었던 퀴스나흐트의 커다란 집인데 다섯 아이들을 포함한 가족들과 살았고, 시간이 흐르면서 점점 더 많은 방문객들이 찾아왔다. 두 번째 집은 취리히 호수의 위쪽에 지었다. 1923년 그는 볼링엔에 땅을 사서 1928년 성모양의 거주지를 짓게 하고 나중에 많은 부분을 손수 확장하였다. 성을 추가로 짓고, 중간 건물, 벽, 로지아①를 만들었다. 지금은 호숫가에 성곽 같은 집으로 완성되어 커다란 나무들로 둘러 싸여있다. 융은 공적인 생활에서 물러나 그곳에서 자유 시간을 보내면서 자기 자신의 체험에 대한 작업을 하였다.

퀴스나흐트에서 그리고 그곳에서 더 나아가 취리히와 세계를 향하는 공적인 삶이 전개되어 여러 개의 명예박사와 교수직함을 얻고 활발한 강의활동과 연구여행 등을 시작하였다. 퀴스나흐트에서는 85세 생일에 명예시민이 되었다 (스위스에서는 아주 드문 일이다).

볼링엔에서는 그와 반대로 '다른 부분' 이 뿌리를 두고 있었고 거기서 '다른 세계' 의 문이 열렸다. 그곳은 자연이었다. 그곳에서 그는 물水, 땅地, 돌, 나무木, 호수 공기, 구름, 바람風, 불火 원소들에 침잠하였다. 그는 불로 음식을 요리했다. 여기는 뿌리의 영역으로 '자양분을 주는 발전의 터전' 이었다.

두 개의 집의 모습에 반영된 것을 그는 자신이 그대로 지니고 있었다. 그것은 내부와 외부 세계 간의 활발한 교류이고, 그가 학문적인 맥락으로 가져왔던 (이전에는) 무의식이었던 것과 항상 다시 새롭게 파악할 수 있는 길로 방향을 바꾸던 집단적 무의식의 흐름에 다시 회귀하는 것 사이의 활발한 교류이다.

융은 몸이 쇠약했으나 정신은 맑았다. 그는 인간 영혼의 비밀에 대해 성찰하면서 그를 찾아온 많은 방문객들에 매료되었다.

융은 1961년 6월 6일 사망하였다.

① 지붕과 기둥으로 된 트인 홀과 내부마당

모레노의 '고전적' 사이코드라마 2

모레노의 '고전적' 사이코드라마 2

모레노는 시간의 흐름에 따라 항상 새로운 변화를 주며 사이코드라마 방법을 제시하였다. 나는 여기에서 소위 고전적 사이코드라마를 짧게 소개하고자 한다. 기존의 여러 사이코드라마 서적들에는 치료자가 심리학적으로 달성하고자 하는 것이나, 적용되는 영역에 따라 서로 다르게 기술되어 있다.[28)]

사이코드라마는 비엔나의 아우가르텐에서 한 것을 기점으로 주로 병상이나 병이 발생한 곳, 가정, 작업그룹, 군대진영, 수용소 그리고 병원에서 이루어졌다. 이때 그는 '자발성', '창조성', '지금 그리고 여기' 등등과 같은 개념으로 표현한 개개의 중요한 순간에 몰두하였고, 집단치료와 사이코드라마 이론의 기반으로 삼았다.

모레노는 주로 세 가지 형식의 사이코드라마를 발달시켰다. 프로타고니스트 중심 사이코드라마에서는 한 그룹원의 문제를 사이코드라마 한 세션 전체에 걸쳐 다룬다. 집단중심 사이코드라마는 그룹원에 해당하는 상호작용 문제 혹은 다른 문제들을 다루는데, 지도자도 그룹의 구성원으로서 그룹 전체가 함께 결정한다. 마지막으로 문제 중심 사이코드라마는 모든 참여자가 관심 있는 주제를 다룬다. 그 주제는 내적이거나 외적인 성질이거나 '주간신문'에서처럼 – 미국에서 소개했던, 규칙적으로 행해지는 공식적인 사이코드라마 시리즈 - 일반적인 시사 문제, 정치적인 사건 등등이다. 개개인은 의식적이든 그렇지 않든 간에 이 사건에 관계되어 있고, 사이코드라마라는 형식으로 실제로 다루면 잘 처리되어서 해로운 영향과 외상경험을 방지할 수 있다. 이러한 시사적인 문제를 다루는 것은 일반적으로 집단의식과의 대면을 의미한다.

우리는 무엇보다 프로타고니스트 중심의 사이코드라마를 중시하는데, 그래야 분석심리학과의 관계가 자연스럽게 결과물로 나오기 때문이다. 나는 우선 모레노가 이 사이코드라마 형식을 어떻게 기술했는지 전달하고자 한다(Moreno, 1959). 그런 후 그의 살아생전에 그의 제자이자 친구 그리고 동료인 딘 엘레프서리②가 자신의 부인 도린Doreen과 변형시킨 형태로 현재 융학파 치료자에게 사용되는 방식을 기술하고자 한다. 이 형태의 사이코드라마는 융학파 심리치료와 아주 잘 접목할 수 있다. 동시에 모레노의 기본 요망사항과 이론적 사상이 특별히 그대로 들어있다.

모레노는 사이코드라마를 행동에 바탕을 둔, 심층심리학에 의거하지 않은 '심층치료'라고 말한다. 프로이트와 구별하기 위해 모레노는 자신의 치료형식을 심층심리학적으로 –그에게는 정신분석학적으로– 설명하는 것을 방지하였다. 그러나 그는 심혼의 깊이와 배경에 대해서 완전히 근본적으로 심사숙고하지 않을 수 없었다. 나는 이에 대해서 마지막 장에서 상세히 다룰 것이다.

---

② Dean G. Elefthery는 정신과 의사였으며 모레노의 사후에 그의 후계자로 "미국 집단치료와 사이코드라마 학회회장"이었다.

그의 사이코드라마 방식은 5개의 서로 다른 '수단'을 사용한다.

(1) 극이 진행되는 무대, (2) 주인공인 프로타고니스트, (3) 치유하는 지도자, (4) 도와주는 스텝들로 '보조자아들Hilfs-Iche, auxiliary egos', (5) 관객, 즉, 목격자로서의 그룹이다.

(1) 무대

모레노가 사이코드라마를 위해 특별히 고안한 무대는 둥글고 그 안에 반원 모양 세 개의 계단으로 되어있고, 그 주위에 관객석이 있다. 지름이 약 4미터이고 사방에서 입장할 수 있다. 무대 위에 넓은 발코니가 있다. 빛의 강도와 색조 변화가 가능한 조명시설이 잘 되어있다. 소도구는 적게 필요하고 여러 가지 의자들이 가져오기 쉬운 위치에 준비되있어서 필요하면 무대 위로 올려진다.

무대 위의 세 계단은 세 가지 삶의 현실을 표현하고 사이코드라마 과정을 명확히 한다. 프로타고니스트가 놀이하기로 결심하면 관객석에서 일어나 치료자의 안내로 혼자서 첫 번째 계단으로 입장한다. 그는 자신을 동요시키는 문제를 말한다. 두 번째 계단에서 이 문제의 범위가 넓어진다. 말하자면 하나의 문제 주위를 순환Circumambulatio하는 것이다. 그리고 본래 드라마가 펼쳐지는 세 번째 계단에서 행동으로 옮겨진다. '무대의 공간은 삶의 확장이다.' 그리고 '현실의 삶을 넘어선다.' 여기서 삶이 증대되며, 이전에는 가능하지 않았던 것이 명확해지거나 실현되는 것이 가능해질 것이다.

무대구조의 제일 높은 곳Empore은 인간을 능가하는 신이나 악마, 위협하거나 치유하는 관념이나 힘들을 위한 공간이다. 바깥세상에서 어둡고, 위협적이거나 애매하게만 남아있는 것을 밝게 비추어야하기 때문에, 여러 가지 조명은 일어나는 사건을 명확하게 하는데 도움이 된다. 공적으로 알려지거나 인정받기 원하는 것은 스포트라이트를 받아야한다.

(2) 프로타고니스트

프로타고니스트는 자신과 자신의 세계를 어떻게 보는지 무대 위에 표현하게 된다. '그는 자신 안에서 떠오르는 대로 자유롭게 행동해야한다.' 그는 자신의 어떤 이미지를 그려서는 안 된다. 보여지는 것이 아니라 자신이 실제로 무엇이고 어떤지, 존재 그 자체가 중요하다.

현실을, 안과 밖으로 체험한 것을 아주 구체적으로 표현하는 것이 중요하다. 자신에게 일어난 상상이나 환각이라 하더라도 여기선 구체적인 현실로서 다루어지고 표현된다. 여기서 프로타고니스트는 바깥세상의 법칙에 적응해야하는 것이 아니다. 아무와도 나눌 수 없었던 그의 현실에 여기서 지도자와 그룹이 참여한다.

> 사이코드라마를 하는 상황에서는 … 인간과 사물사이의 관계가 최대한으로 가능할 뿐만 아니라 바로 그렇게 될 것이 기대된다. '한 번 해보는 시도'가 여기 무대 위에서 이루어진다. 사이코드라마로 다루려는 주제를 여러 가지 방법으로 워밍업 할 수 있다. 자신을 표현하는 것, 자신과의 대화, 투사, 저항을 일으키게 하는 것, 역할 바꾸기, 제2의 자아(도플갱어), 거울기법, 도움을 주는 세계… 29)

프로타고니스트가 역할을 할 때 배우로서 연기를 하는 것이 아니라, 현실에서 일어나는 대로, 그리고 '실제의 삶'에서 보여줄 수 없거나 보여주어서는 안 되거나, 보여주기를 원하지 않는 것을 그대로 무대 위에서 체험하도록 한다.

(3) 지도자

모레노는 지도자에게 세 가지 기능이 있다고 하였다.

1. 놀이지도자

드라마가 시작되도록 하고, 프로타고니스트의 손가락 움직임까지도 주의를 기울이면서, 그가 자신과의 만남, 자신의 상황과의 만남을 가능한 스스로 깊게 할 수 있도록 살피면서 프로타고니스트가 놀이할 기분을 일으키도록 한다. 놀이 지도자로서 프로타고니스트와 관객 사이의 관계에 주의를 기울여야 한다.

2. 치료자

치료자로서 프로타고니스트에게 개인적으로 말을 걸고, 요구하고, 공격하기도 하고 농담을 주고 받기도하고, 수동적이 되어, 프로타고니스트가 주도하도록 할 수도 있다. 모레노는 치유적인 지도자와 프로타고니스트의 관계를 정신분석의 틀안에서 가능한 것 보다 '더 현실적으로' 보아야 한다고 확신한다.

> 환자는 치료자가 너무 많은 것을 요구하기 때문에 자주 위협감을 느낀다 … 치료자는 환자가 자신의 모든 갈등을 행동과 말로 표현하길 바란다 … 치료자는 조용하고, 수동적으로 이야기를 듣는 사람이 아니라, 환자가 무엇인가 생산해내게 하기 위해 애를 써야 한다. 그래서 마치 아내를 사랑해서 주도하려는 남편의 경우처럼, 전이가 **치료자 쪽에서** 일어나고 강력할 수 있다.… 이것은 진지한 만남이며, 정신의 싸움이다.… 환자의 경우 얼마나 많이 자신이 스스로 표현을 창조해내서 이끌어가야 하는지를 깨닫는다면, 더 참여적이 되는 경향이 있다. 그러나 더 중요한 것은 환자가 다른 사람들과 더불어 자신의 병적인 생각들을 모두 체험하는 것

이 직접적으로 치유 과정에 영향을 준다는 사실을 파악한다는 것이다. 사이코드라마를 하면서 지도자와 환자 사이의 갈등은 특별한 현실이다. 그래서 갈등 상황마다 각자 자신의 창조성과 책략을 총동원해야 한다.[30]

3. 분석가

결국 분석가로서 지도자 역시 드라마에서 일어나는 사건 밖에 서서 조력자들에게 지시를 하고, 사이코드라마의 **시작부에** 프로타고니스트의 배우자나 아이들, 친구들이나 이웃으로 구성된 관객으로부터 아이디어를 얻어서, 누구나 이해할 수 있도록 한다.

(4) 보조 자아 Hilfs-Ich

지도자의 지시와 아이디어를 따르면서, 그가 목적을 달성하도록 지원하면서 도움을 준다. 그들은 무엇보다 환자가 자신의 생활범위 안의 주요 실재하는 혹은 허구적인 인물들을 표현할 수 있도록 돕는다. 보조자아들은 환자의 삶의 무대 위에 모든 놀이자들의 역할을 떠맡고 그가 말해주는 모든 투사들 속으로 들어가고 그가 원하거나 필요하거나 대면해야 하는 것들을 연기해준다.

이 보조세력들은 대부분 모레노의 동료들로 특별히 이런 일을 하도록 수련을 받았다. 그는 대부분 중환자들과 작업을 했기 때문에 그룹 안에서 함께 작업할 인원을 선택할 수 없었다. 그룹원들이 역할놀이를 하게 되면 자신들에게나 프로타고니스트에게 큰 부담이 될 수 있었을 것이다.

(5) 관객 · 그룹

관객은 두 가지 목적을 수행한다. 환호하거나 격려하거나 비평하거나, 이해심을 보이거나 자발적으로 역할을 맡아서 함께 하는 것을 통해서, 공명이 일어날 수 있는 바탕이 된다. 환자가 고립되었다고 느낄수록 관객이 함께 가는 것, 참가자들의 인정과 이해가 더 중요하다. 그러나 관객은 스스로 환자가 될 수 있다. "스스로 '집단적인 증후군'이 표현되었다고 느낀다."

> "개인이 갖고 있는 문제가 자주 그룹의 모든 참가자와 공유될 수 있다. 개인은 행동을 하면서 대리인이 된다."31)

모레노는 관객/그룹과 그리스 드라마의 코러스chorus합창가무단를 비교한다. 처음에는 코러스가 그들의 위기, 걱정, 의견에 대해서 서로 이야기하였다. 테스피스Thespis③는 코러스의 대표자를 택해서 제1연기자, 즉 프로타고니스트로서 무대 위로 데려왔다.

아이스퀼로스Aischylos④가 두 번째 코러스 대리인을 뽑아서 제2연기자를 투입했다… 사이코드라마는 심리 자체를 표현하고 그 문제를 무대 위로 올린다.… 무대 위에서 변환은 치료적인 '자아들'을 통해서 인격화되며 심리 문제가 사이코드라마 그룹에 의해서 사이코드라마의 형태로 다시 체험된다. 사이코드라마는 그들에게(해당자들) 그들 자신의 아이덴티티, 그들 자신을 거울처럼 비추어준다.32)

이제까지 소위 말해서 사이코드라마의 다섯 개의 수단을 소개했다. 모

---

③ 테스피스: 최초의 비극 시인.

④ 아이스퀼로스: 기원전 525년경 아테네 근처 엘레우시스태생. 그의 작품 『오레스테이아』로 연극공연역사상 획기적인 발전을 가져왔다. 아리스토텔레스의 『시학』에 의하면, 당시1명의 배우만 등장하는 코러스 중심의 비극에 처음으로 제2의 배우를 등장시켜서 코러스 역할을 줄여서, 진정한 의미의 대화와 사건이 가능하게하였다. 그래서 길버트 머레이Gilbert Murray는 그를 '비극의 창조자'라고 불렀다. (천병희, 그리스 비극의 이해, 2002. p.42 참조.)

레노는 **진행절차**를 3단계로 나눈다.

(1) '이완' 혹은 '워밍업'

지도자와 참여자, 참여자 상호간에 관계가 시작된다. 그러면서 누가 이번에 프로타고니스트가 될지, 어떤 문제를 다루게 될지 즉 '놀이' 하길 원하는지 결정이 된다.

(2) 드라마로 연기하기

프로타고니스트가 주요인물이 되고, 지도자는 이제 배경으로 물러나서 지도한다. 여러 가지 다른 역할들을 맡은 다른 인원들이 놀이를 시작한다.

> "환자는 자기 자신의 여러 부분들과 만날 뿐 아니라 자신의 심리적 갈등 속의 역할놀이를 하는 다른 사람들을 만나게 된다. 이 인물들은 실재하는 인물이거나 환상 속의 인물일 수도 있다."33)

프로타고니스트는 지도자와 관객을 잊는다. 보조자아들이 이제 환자를 둘러싸고 '환자 자신의 세계 속에 형상들과 상징들' 을 자신들의 몸을 통해 나타내준다.

> 그는 자신의 병이 진행되는 동안 아버지, 어머니, 아내, 아이들의 형상들뿐만 아니라 자신안에 분리되어 살고 있는 특정한 형상들, 공상들…로 나타나는 이 내적인 꿈 상들에 자신의 많은 에너지를 쏟아 부었다. 이러한 것들 때문에 자신의 자발성, 생산성과 힘을 잃었다. 자신의 풍요로움을 빼앗아 갔고, 그는 궁핍하고, 약하고, 병들게 되었다. 그는 다른 사람에게 자

⑤ 반대자. 주인공protagonist과 대립하는 인물

> 신의 정신이 만든 것들을 결합시켜 놓았었는데, 신의 은총처럼 이 모든 것을 사이코드라마가 그에게 되 돌려준다. 그는 아버지, 어머니, 연인을 … 자신 안으로 … 가져와서 자기 것이 되게 한다. 삶 속에서는 불가능했지만 그들과 역할 바꾸기를 하면서 그들에 관해 많은 것을 알게 된다.[34)]

프로타고니스트는 자신 안에 만들어 놓은 혹은 확대시켜놓은 문제들과 마찬가지로 자신의 구체적인 삶의 어려움, 결혼의 위기, 실업, 싸움, 권위문제 등등을 대면할 수 있고, 어떤 역할을 하면서 자신의 구체적인 안타고니스트[antagonist]⑤혹은 투사들과 직면할 수 있다. 때로 이렇게 분석하는 일이 불쾌한 자신의 내면의 층으로 데려가기 때문에 고통스러울 수 있다. 모레노의 어린 시절 사이코드라마가 바로 그 예이다. 때로는 삶을 다시 객관적으로 볼 수 있고, 많은 주관적인 착각을 없앨 수 있기 때문에 해방감을 느낄 수도 있다.

그래서 모레노는 사이코드라마의 카타르시스에 대해서 말하고 이것을 최고의 가치로 보았다. '통합의 카타르시스, 온전하게 함을 통한 정화.' 모레노는 자신의 책 『즉흥극[Das Stegreiftheater]』에 다음과 같이 쓰고, 후에도 자주 인용하였다.

> 모든 진정한 두 번째 경험은 첫 번째 경험으로부터의 해방이다.… 이전에 무의식적으로 진행된 사건을 반복하면서 이번에는 반쯤 의식적으로 회상해 내고, 의식으로 가져옴으로써 그것에 얽매여 있는 에너지를 자유롭게 할 수 있다.… [35)]

(이미 1923년 모레노의 저술에 에너지론적 관점이 고려되었다는 점이 주목할 만하다.)

(3) 그룹

극이 끝나고 그룹이 앞으로 나타난다. 환자는 경우에 따라서 그룹 앞에서 노출되어 버린 희생자같이 느낄 수 있다. 이제야 다시 그룹의 존재가 제대로 의식된다. 이제 프로타고니스트와 그룹이 직접적인 접촉을 서로 하게 된다. 각 그룹 구성원은 자신이 사이코드라마에 어떤 식으로 참여했는지에 대해서 말하고, 이제 다시 기억이 나거나 새롭게 생생하게 된 자신의 감정이나 체험 비슷한 것들을 보고한다. 환자가 자신을 노출시킨 후에 이제는 그룹으로부터 답례선물로 개인적인 이야기들을 되돌려 받는다. 그는 다른 사람으로부터 자신과 비슷한 문제이야기를 듣고 이제 더 이상 자신만이 그렇다고 느낄 필요가 없다. 혹은 비슷한 문제이지만 전혀 다르게 해결한 이야기를 들을 수도 있다. 자신 고유의 체험이 넓어지고 다른 사람을 통해서 풍요로워진다. 이제 어느 부분에서 공감이 가능하고 불가능했는지, 자신이 다른 사람에게 어떤 영향을 주었는지도 들으면서 자신을 마치 거울에 비추어 보는 것 같은 체험을 할 수 있다.

모레노는 사이코드라마를 "자연/현실 치료요법"이라고 부른다. 인류 발달사적으로 언어 발생 이전 시기에 생성되었기 때문에 언어가 침투할 수 없는 '심혼의 고요한 부분' 인 심혼의 오래된 부분이 이것을 통해서 다시 활기를 띨 수 있다.

> "언어가 개인이나 집단의 발달에 아주 중요하다 하더라도, 항상 논리화되고 문장론의 형식으로 하는 소통일 뿐이다. 언어는 사회적으로 큰 발명물이라 하더라도 인간이 결속되는 발달의 초기 단계와 유아의 '언어 이전 삶' 이 고려되지 않았다…"[36]

언어는 의식을 의미하고 비언어적 부분은 무의식을 의미한다. 이것이 언어 이전에 존재한다면, 집단 무의식이라고 이해해도 좋다. "사이코드라마 이론은 심혼의 '말없는' 부분이 신경증과 정신병의 발생에 큰 역할을 한다고 가정한다." 그리고 '환자의 '자발성'을 그의 '무의식'이라고 부를지 말지는 그 치료를 위해 아무런 의미가 없다는 것이 명백하다. 이미 말했듯이 모레노는 프로이트의 정신분석을 거부한 만큼, (융에 대해서는 분명히 아무것도 아는 바가 없었기 때문에) 무의식이라는 용어를 사용하지 않으려 했다. 그는 모든 심리적인 경과를 행동으로, 보여질 수 있는 현실로 옮겨놓았고, (우리의 관점에서 볼때) 동시에 무의식으로의 입구, 행동과 표현한 것의 상징의 내용 너머 '심혼의 비언어적인 부분'을 발견했다고 생각했다.

모레노는 자발적인 행동에 기초하며, 언어 이외에도 몸의 언어와 몸짓의 상징성 등, 모든 영혼의 표현방법을 포괄하는 사이코드라마가 전체적 치료방법이라고 보았다.

발달심리학적인 사고에 기초하여 모레노는 사이코드라마 놀이 안에서 **여러 가지 다른 방법**들을 만들어냈다.

어머니와의 동일시 혹은 노이만이 '최초의 일체감'이라고 부른 아동의 첫 발달 단계에 해당하는 것으로서 모레노는 나와 너의 동일시 가능성을 보았다. 그래서 **도플갱어**Doppelgänger기법을 발달시켰다. 한 사람이 다른 사람의 인격 안에서 그를 대신하여 말하고 느끼고 행동하면서 그가 아직은 할 수 없다고 추측되는 것들을 표현한다. '도플갱어'는 말하자면 나의 다른 반쪽, 나를 보충할 가능성이 있는 존재이다. 여기서 모레노가 말하는 것은 순전히 자신을 하나로 느끼는 것Sich-eins-Fühlen, 동일성Identität이지 아직 '동일시하기' 위해 확고한 자아가 전제되어야만 가능한 동일시Identifikation를 말하는 것이 아니다. 주체의 타인이나 주변에 있는 다른 객체와 동일시 가능성은 후에 사이코드라마에서 함께 활용되었고 무엇보다도 펄스F.S.Perls가 그의 게슈탈트 테라피Gestalt-Therapie에서 수용하여 더 발달시켰다.[38)]

다음 발달심리학적 단계를 모레노는 아동의 자아-인식Ich-Erkenntnis의 단계, 자신의 인격의 특수성을 인식하는 단계로 보았다. 이것은 사이코드라마에서 **거울기법**에 해당한다. 아이가 자신을 거울에 비추인 자신의 모습을 보기는 하지만 서서히 비로소 그것이 자기 자신이라는 것을 인식하는 것처럼 프로타고니스트도 다른 역할 놀이자에 비추어진 모습을 보지만 나중에야 서서히 자기 자신, 자신의 본질 혹은 행동양식이라는 사실을 의식하게 된다.

거울기법은 간단히 비추어 보여주기, 특정한 행동과 표현양식 등등을 모사, 혹은 좀 더 분화하여, 심리적인 동향을 반추하면서 영혼을 비추어 주기로서, 아주 간단히 사용될 수 있다.

세 번째 단계는 다른 사람을 인식하는 너-인식Du-Erkenntnis이다. 다른 이를 표현하는 **역할놀이**와 자신을 다른 이의 위치에 놓는 **역할 바꾸기**이다. 이 기법은 아마도 너-세계Du-Welt의 현실을 알기위해서 가장 중요한 기법이다. 이 기법은 프로타고니스트에게 아주 개방적이고, 정직할 준비를 단단히 하고 있을 것과 큰 용기를 요구한다. 프로타고니스트가 (지도자의 권유에 따라) 예를 들어 갑자기 자신의 안타고니스트와 역할을 바꾸어야 된다면, 아버지-아들-놀이에서 아들이 갑자기 아버지의 역할을 해야 한다면, 그는 내적으로 다른 사람의 관觀, 느낌, 척도 혹은 감정들, 가치의 세계 속으로 몰입해야한다. 아들은 말하자면 아버지의 피부 속, 심장 속으로 들어와서 느껴야하고 그에 따라서 행동해야한다. 그가 다른 이의 역할을 맡게 되면, 그는 다른 사람을 주체로 자기 자신을 다른 사람의 입상에서 본 객체로 체험하게 된다. 자기 자신의 태도를 그는 마치 다른 사람의 태도인 것처럼 밖에서 객관적으로 체험한다. 그래서 프로타고니스트는 이전에는 가능하지 않았던 자신에 대한 통찰을 하게 된다. (내가 여기서 할 수 밖에 없는 생각은 이것이 투사 거두어들이기를 의미한다는 것이다.)

역할바꾸기에서는 선입견을 버리고 다른 사람에 감정이입하는 것이 필요하다. 그리고 이것이 모레노가 이해한 만남Begegnung의 전제가 되는 것이다.

> "그러면 나는 너를 너의 눈으로, 너는 나를 나의 눈으로 보게 될 것이다."[39]

역할바꾸기 혹은 서로 역할을 맡는 것은 다른 사람의 전체적인 본질에 감정이입하는 것을 전제로 한다.

도플갱어, 거울기법과 역할바꾸기는 사이코드라마기법들의 세 가지 기본요소들이다. 모레노는 이 기법들을 계속 변형시켰고 다른 것들로 보충하였다. 그는 모든 지도자들 하나하나의 상상에 맡겨서 자신에게 주어진 순간 속에서 새로운 요소들을 개발하도록 하였다.

사이코드라마의 기초와 목적은 '창조적인 자발성의 원칙이다.' **자발성**과 **창조성**은 모레노에게 있어서 매우 중요한 중심개념이다. 모레노는 자발성과 창조성 속에서 영혼을 '전체적ganz' 이거나 '건강하게heil' 만들 수 있고, 자신 안의 신 혹은 신적인 것에 관계를 찾을 수 있게 하는 힘을 보았다. 사이코드라마 안에서 자발성과 창조성이 행동의 내적인 역동을 결정한다는 이유만으로 사이코드라마는 '자연치유요법', 영혼의 '자가自家 치유 과정' 이 될 수 있다.

분석심리학의 관점에서 본 사이코드라마 3

분석심리학의 관점에서 본 사이코드라마 3

분석심리학에 의거하여 여러 사이코드라마 요소를 계속 발전시키는 것은 – 예를 들어 내가 남편⑥과 함께 지난 십년이 넘는 세월 동안 시도한 것과 같이 – 모레노의 사이코드라마를 다른 목적으로 사용한다는 의미로 변화시킨 것이 아니라 심리적인 과정을 더 명확하게 하고 심화한 것이다.

여기서는 내적 심리과정을 분명하게 하기 위해서, 외적인 사건의 비중을 줄임으로서, 일종의 추상화된 형식의 사이코드라마가 생겨난다. 외적인 것을 간소화하면서 내적인 과정이 훨씬 더 투명해진다. 모레노는 그런 식으로 간소화하는 것을 셰익스피어식의 드라마까지 예증하면서 제안한 바 있다.

다섯 가지 '수단' 즉, 무대, 프로타고니스트, 놀이자/연기자, 지도자, 그룹은 그대로이지만 눈에 띄게 재구성되었다. 모레노드라마에서 세 가

⑥ Dr. Helmut Barz. 정신과 의사. 스위스 융 연구소 소장을 17년간 역임. 스위스 융학파 사이코드라마연구소Institut für Psychodrama auf der Grundlage der Jungschen Psychologie설립. 융전집 20권을 융기본저작집 9권으로 발췌 출간하였다. 융기본저작잡 9권은 한국융연구원 번역위원회에서 번역 출간하였다.

지 기능을 하던 지도자의 역할은 두 사람, 즉 한 쌍의 지도자로 분배되었다. 지도자중 한 사람Co-therapeut은 프로타고니스트의 보조자아Hilfs-Ich로서 보충된 것이다. 그래서 수련받은 놀이자가 보조자아 역할을 하는 경우가 없어졌다. (그룹에서 역할놀이자가 모레노식 드라마의 보조자아와는 그 의미가 달라졌다.)

'무대'는 중앙으로 오게 되었다. 그룹이 무대를 마주하고 앉거나, 무대를 둘러싸고 반원을 그리며 앉는 것이 아니라, 그룹이 원으로 둘러앉으므로 비로소 무대는 생겨난다. 이제는 일반적으로 보편화되었듯이 특별한 극장공간은 필요 없게 되었다. 사이코드라마는 두 명의 지도자와 함께 12명~14명 이내의 인원으로 이루어진 그룹이 함께 놀이를 할 수 있도록 충분히 큰 공간이면 어디서나 행해질 수 있다.

그룹이 원으로 둘러앉으면 우선 첫 단계인 '워밍업'이 이루진다. 여기서는 접촉, 이완, 지난번 사이코드라마 세션 후 자신의 상태에 대한 대화가 이루어지며 무엇보다도 이 때 이 세션에서 자신에 대한 작업을 할 사람, 즉 프로타고니스트가 신청을 한다.

그러면 지도자는 프로타고니스트의 옆자리로 바꾸어 앉아서 둘만의 대화를 하면서, 그가 직면하여 작업하고자 하는 문제 혹은 주제를 경청한다. 사건의 전개가 아직 불확실한 상태에서 프로타고니스트가 지도자와 함께 앉아있는 이 상태는 대략 모레노의 원래 사이코드라마 무대의 첫 단계에 해당한다.

꼭 집어 문제를 말할 수는 없지만, 어떤 막연한 긴장감 속에서, 단지 '놀이' 즉 '작업'을 해야겠다는 기분이 드는 구성원이 있을 수 있다. 그러면 아직은 애매한 관심사에 대해서 이런 저런 이야기를 하다가 결국 정확하게 문제점을 집어 낼 수도 있다.

그러면 그룹은 뒤로 물러 앉아 엉성한 큰 원을 만든다. 지도자는 프로타고니스트와 일어나서 소위 두 번째 무대 단계로 들어가게 된다. 원을 그리며 걸으면서 주제에 내면적으로 더 가까이 다가간다. 그룹은 외적으로만 물러난 것이 아니다. 프로타고니스트가 이제 자신의 문제의 중심 주위를 돌게 되면서, 그룹이 그곳에 있다는 것조차 잊어버리는 일이 자주 벌어진다. 자신 안에서 올라오는 이미지들과 감정들의 뒷전으로 그룹은 사라져버리는 것이다.

이제 그의 문제 해결의 실마리가 될 연기할 수 있는 장면이 저절로 혹은 회상을 통해서 드러날 수 있다. 그 사이 그와의 대화를 통해서 여러 자료들을 모은 지도자가 스스로 한 장면을 제안할 수도 있다. 이 장면은 실제의 상황과 관련된 것일 수도 있고, 순전히 상상한 것일 수도 있다. 어떤 경우이든 문제의 원인이 되는 기반을 파고드는 시도가 이루어질뿐만 아니라 여러 다른 가능한 한 체험을 위한 전형Prototyp을 표현하는, 이른바 이어지는 체험들을 만들거나 만들고 있는 원형적archetypisch인 장면인, 가능한 한 '특징적typish' 인 장면을 발견하려는 노력이 행해진다. 이러한 장면은 모든 '개인적인' 세부사항에도 불구하고 아주 근본적인 체험의 가능성을 표현해서, 프로타고니스트만 자신의 문제로의 깊은 통로를 발견할 수 있게 하는 것이 아니라 모든 그룹원이 모레노가 말한 '자기 자신이 집단적인 증후군Syndrom속에 표현' 되고 있는 것을 보면서 자신에게도 해당됨을 느낀다.

그리고 장면이 만들어진다. 이제 세 번째 단계, 즉 놀이단계에 접어들었다. 우리가 들어가려는 공간은 프로타고니스트에 의해 아주 자세히 묘사된다. 이곳과 저곳에 의자, 탁자가 장소를 묘사하기 위해 설치되기도 한다. 이러한 준비작업의 끝에 그룹의 각 구성원들은 상상된 공간을 정확히 자신 앞에 볼 수 있다. 그들은 카펫, 벽지, 창밖의 경치, 어디로 들어와서 어디로 나가는 것인지 알게 되고, 그 공간이 어떠한 모습인지, 프로타고니스트가 이 공간에 들어오게 되면 그가 어떻게 느낄지, 그 공간의 분위기가 어떠한지 느끼게 된다. 만들어지는 장면은 자연 풍경일 수도 있고, 꿈 속의 장소, 꿈 속의 이미지, 예를 들면, 거리, 집들이 늘어서 있는 곳, 부모님 댁의 현관일 수 있다.

프로타고니스트는 계속 혼자서 사이코드라마를 할 것이 아니라면, 이제 함께 연기/놀이할 사람들을 찾아 나서고 항상 그룹원들 중에서만 결정된다. 프로타고니스트가 자신의 어머니, 딸, 아버지, 형제, 선생님, 사장, 개 등등을 연기할 사람을 찾아야한다. 이 선택은 아주 중요한 것이고, 프로타고니스트가 이 대면에서 만나기를 원하는 그러한 성질을 육화해야 하기 때문에 아주 서서히 여러모로 숙고하여 결정하게 된다. 누구나 어떤 역할에나 선택될 수 있다. 여성이 남성의 역할을 할 수도 있고, 나이든 사람이 유아의 역할을 할 수도 있다.

특히 중요한 역할의 경우, 이 선택이 얼마나 의미 깊은지는 아주 놀라울 정도이다. 역할 놀이자가 "나의 형제도 일찍 죽었고, 나의 어머니는 이혼했고, 나를 고아원으로 보냈고 등등을 어떻게 알고 나에게 이 역할을 주었느냐" 같은 말을 나중에 하는 일이 자주 일어난다. "어떻게 …을 알았는가?…"라는 것은 영혼에게는 공간과 시간이 상대적이기 때문에 가능하다.

함께 놀이할 사람이 결정되면 역할 맡기기[Einführen]가 진행된다. 그가 이 역할을 하기 위해 워밍업이 되었다거나 이 역할의 성질의 에너지가 실려졌다고 말할 수도 있다. 이러한 절차는 모레노에게는 없는 것이다. 모레노의 사이코드라마에서는 역할놀이자나 '보조자아들[Der Rollenspieler]'이 프로타고니스트가 이야기하는 동안 나온 자료들에 의거해서, 직관적으로 역할 안으로 들어가고 그를 밖에서 만난다.

역할 맡기기는 다음과 같이 이루어진다. 역할자⑦는 의자에 앉고 프로타고니스트는 그 뒤에 서서 양손을 어깨에 얹고, 다른 사람, 즉 그가 담당시키려는 역할에 완전히 감정을 이입하기 위해 노력한 후, 자신이 마치 그 아버지, 그 어머니, 그 형제 … 인 것처럼 그를 일인칭의 형식으로 소개한다. "나는 리제이고, 45세이며…" 역할자는 상대자로서 묘사된 것이 아니라, 예를 들면 내가 매일 겪어야하는, 나를 끝없이 가로막고, 놓아 주지 않는 어머니로서가 아니라, 내면에서 우러나오는 의식적인 동일시에서, 자신이 체험하는 대로 소개를 한다. "나는 45세이다, 그러나 나는 아주 외롭고, 기운이 없다. 특히 나의 남편 때문에 기죽어있다."

프로타고니스트는 감정이입할 준비가 되어있고, 열려있어야, 타인이 '실제로' 어떠한지를 그대로 떠올릴 수 있다. 그리고 동시에 역할 맡기기에서 정해진 해당 역할은 프로타고니스트의 상상이 만들어 낸 인물이며, 자기 자신의 한 측면이라는 사실이 명백하게 드러나곤 한다. 프로타고니스트가 객관적이 되려고 아무리 노력한다고 해도 역할은 오로지 자신의 주관적인 생각과 느낌을 역할자에게 투사함을 통해서만 가능하다.

프로타고니스트가 역할맡기기를 할 때, 예컨대 어떤 그룹원에게 아버지 역할맡기기를 하고 있다면, 이를 마주보고 서있는 지도자는 그를 그의 아버지로 간주하고 말을 걸거나 도전적인 태도를 취할 수도 있다.

"아무개씨 최근에 당신의 딸에 대해 솔직히 어떻게 생각하시나요?"

아버지와 동일시한 상태에서 프로타고니스트는 자신에 대해서 동일시하지 않았을 때는 전혀 하지 않을 말을 한다.

"나는 나의 딸에 대해 실망했다. 내가 집에 오면, **내 딸이** 기뻐하거나, 적어도 조금은 더 친절하게 대해 주면 좋으련만. 나를 아버지로서 한번쯤 조금이라도 좋아할 수 있었을 텐데…" 혹은 지도자가 "당신의 삶에

⑦ 역할자 Der Spieler, 역할 맡기기에서 프로타고니스트가 부여한 역할을 맡은자. 역할 놀이자 Der Rollenspieler의 줄인말, 그외 놀이자라는 포괄적인 의미일때도 있다.

서 원래 무엇을 바라셨나요?"라고 묻는다면 프로타고니스트는 아버지로서 대답할 수 있고, 자신이 실제로 아버지 앞에 있을 때 말했던 것과는 아주 다른 것을 말할 수 있다. "내가 희망한 것이 무엇이냐고요? 누구나 다 원하는 것이지요. 즐거운 일을 하는 것. 그런대로 일에는 만족하고 있어요. 나를 지지해주는 아내... 생각이 안 나는 군. 아내가 삶에 기쁨을 느낄 수도 있을 텐데, 좀 명랑해질 수도 있을 텐데. 함께 재미있게 살 수도 있을 텐데. 그러면 행복한 가정을 이룰 수도 있을 텐데. 하지만 우리는 그렇지 못해요."

프로타고니스트가 역할자에게 역할맡기기를 한 후, 역할자는 중요한 정보가 빠졌다고 생각되면 다음과 같이 질문할 수 있다. "나는 어떻게 생겼나요? 나는 나의 딸을 뭐라고 부르나요?…"

그 후에 역할자는 프로타고니스트에 의해 역할에 맞게 역할 안으로 조형이 되고, 에너지가 실려서 이제 프로타고니스트를 위해 전적으로 현실의 아버지나 어머니 등등이 된다. 그러나 모든 그룹원은 프로타고니스트가 실제로는 정확히 누구와 직면하였고, 어떤 측면을 만나고 있는지를 알고 느낀다.⑧

모레노를 확장한 이 방법을 사용하면, **겉보기에는** 객관적인 인물에 덧붙여진 주관적인 개인적인 부분, 소위 '주관적인 단계'⑨를 거치면서 객체 체험이 확대 혹은 심화되어서 외적인 현실의 질이 높아진다. 모든 등장인물들은 프로타고니스트의 부분 인격으로 보일 수 있다. (프로타고니스트의 '보조자아'라고 말할 때 모레노도 바로 이 점을 말하고 있다.)

사이코드라마의 이러한 형식에서는 프로타고니스트의 보조자아의 기

⑧ 실제의 아버지나 어머니가 아니라 프로타고니스트 내면의 아버지나 어머니를 만나고 있는 것, 자신의 인격의 측면과 만나고 있다는 것을 느낀다는 뜻.

⑨ 분석심리학 용어로 밖의 인물을 밖의 인물로 보는 것을 객관적 단계라하고, 내면의 인물로 보는 것을 주관적 단계라 한다.

능이 지금까지와는 다르다. 이제 아무런 다른 역할을 맡지 않으며 프로타고니스트를 지지하고 강화시키는 일만 하며 항상 그 가까이에 머문다.⑩ 사이코드라마 세션 내내 모든 그룹원들도 오로지 프로타고니스트를 돕는 일만 한다. 그렇다고 해서 모든 사람이 그를 시종일관 '사랑스럽게' 대하며 보호하는 식으로 행동한다는 것은 아니다. 사이코드라마에서 그는 무의식적인 측면을 발견할 기회가 있으며 바로 그가 의식하고 있지 못하고 있기 때문에 고태적이거나 열등한 것들이어서 자주 불쾌한 경험이 될 수 있다. 그래서 도움자아가 그를 크고 강하게 하기 위해 배치된다. 그는 그의 뒤에 있는 그림자와도 같으며 그와 마찬가지로 일인칭으로, 그의 '다른-나'로 혹은 'Nr. 2'⑪로서 말을 한다. 프로타고니스트는 마치 자신과 대화를 하거나, 그가 원래 말하려 하지 않았거나 말할 용기가 없었던 무엇인가를 무심결에 말하게 되는 것 같이 보인다.

도움자아는 프로타고니스트로 하여금 너로 체험되는 것이 아니라, 어떤 다른 상대보다 더 잘 받아들일 수 있는, 자기 자신의 목소리로 체험된다. 자신의 기본 틀에 어울리지 않는 경우에는 그는 반사적으로 자기를 방어하며, 도움자아의 말을 못들은 것 같이 되기도 한다.

외적인 그림으로 이미 도움자아의 기능이 드러난다. 도움자아는 프로타고니스트의 뒤에서 걷거나 서있으며, 가까이 있으나 보이지는 않는다. 그렇게 해서 그는 프로타고니스트의 의식에 가까이 있기는 하지만 완전히 의식되지 않은, 프로타고니스트가 '직시하지' 않고, 자유의지로 직면하지 않은 내용을 말로 표현한다.

---

⑩ 모레노에 관한 한국어 번역서에서는 독일어 원어인 힐프스 이히 Hilfs-Ich가 보조자아라고 되어 있는데, 이곳에 설명되어있는 바와 같이 분석 심리학적 사이코드라마에서의 힐프스 이히의 기능과의 차이를 확실히 하기위해 역자는 '도움자아' 라는 표현을 택했다. 다른-나, Nr. 2, 동반 지도자 Co-leader라고도 부르며 보호천사라고 할 수도 있다.

⑪ 융은 자서전에서 이미 알고 있는 자신을 Nr.1이라고 하고, 그 이면에 또 다른 자신이 있음을 발견하고 이를 Nr. 2라고 하였다.

프로타고니스트는 어떤 역할도 연기하는 것이 아니라 있는 그대로의 자기 자신이어야한다 라고 모레노가 한 말의 의미는 프로타고니스트는 삶에 있어서 가면이 유용하고 필요불가결하다 할지라도 자기 자신에게 그리고 그룹을 향하여 자신의 가면을 포기할 수 있어야만 자기 자신을 발견할 수 있다는 것이다. 도움자아는 무엇보다도 라틴어로 '가면'을 뜻하는 '페르조나Persona'의 뒤를 캔다. 예를 들어 '왜 나는 계속 내가 좋은 엄마라는 사실을 강조할까?' 혹은 '다른 사람들이 나를 어떻게 생각하는지가 내게 혹시 지나치게 중요한 것이 아닐까? 나는 대단히 인습에서 벗어난 것처럼 행동한다… 등등.'

프로타고니스트의 그림자로서 도움자아는 부정적이거나 긍정적인 마음의 움직임이나 지각이든 그가 이름을 붙이거나 지각할 수 없는 것을 보상적으로 표현한다. 도움자아는 그가 유난히 '지나치게 머리로' 행동하길 원하면, 긴장, 곤궁, 걱정, 그가 실현하지 않는 내적인 요구 등에 매번 감정을 주목하도록 한다. ("나는 마음이 불편하다. 오싹해진다. 거부당한 것 같다. 도움이 필요하다. 보호가 필요하다.") 그러나 도움자아는 프로타고니스트가 자기 기만적으로 되거나 분명히 가능한 인식을 받아들이지 않는다면 저지할 것이다. ("나는 남편이 자기에게 흥미로운 일만 하는 것을 원하지 않는다. 그러면 그는 나의 영향권 밖에 있고, 내게 속해있지 않다.") 도움자아는 의식의 태도와 무의식의 태도 사이의 경계를 허물고 '초월' transzendieren 즉, '한쪽에서 다른 쪽'으로 건너가기 위한 다리를 놓아주고자 한다.

프로타고니스트가 지도자, 역할자나 다른 그룹원들로부터 심한 도전을 받거나 심지어 공격당하게 되면, 도움자아가 그의 의식적 자아를 강화하고 직면하는 것을 격려할 수 있고, 말 그대로 그를 보호할 수 있다. (그래서 한번은 프로타고니스트가 사이코드라마 후에 자신의 도움자아에게 말했다. "당신은 나의 보호천사와 같았어요. 저는 보통 때보다 강하게 느꼈기 때문에 더 많이 용기를 낼 수 있었습니다. 이 느낌을 제가 잘 간직해야해요. 당신은 제가 이미 알고 있는 것을 말했습니다.…")

프로타고니스트의 도움자아로서 보조지도자Co-Leiter를 사이코드라마에 도입함으로써 지도자의 역할이 분명해졌다. 지도자는 더 이상 3가지 혹은 그 이상의 기능을 하지 않는다. 그는 내적으로는 함께 하더라도, 놀이 밖에 머무는 놀이지도자이고 분석적 치료자이다. 도움자아와 역할자는 프로타고니스트와 함께 행동하고, 그룹은 언제라도 더 보여주어야 할 것이 남아있으면 투입될 수 있다. 지도자는 말하자면 단지 길을 낼 뿐이다. 지도자는 장면과 장면이 바뀌는 것을 선택하고, 역할과 역할 바꾸기만 제안한다. 그는 각 사이코드라마를 통해서 한 걸음 다가가고자 하는 특정한 치유적 목적만 가지고 있다. 인생의 문제가 하나의 사이코드라마로 단 번에 해결될 수는 없다. 그러나 사이코드라마는 매 회마다 하나의 특정한 치료적 목적을 가지고 있다.

프로타고니스트는 지도자를 항상 **마주보고** 있게 된다. 지도자가 모레노 드라마에서처럼 프로타고니스트 옆이나 뒤에 서서 지지하다가, 다시 도전적이 되거나 공격적으로 맞서는 경우는 없다. 프로타고니스트는 분명하게 지도자에 의해 인도되고, 요구되거나 직면하게 된다. 그러나 이와 반대로 도움자아는 프로타고니스트와 함께 가고, 보완하고, 지지한다. 도움자아가 그를 대변할 때는, 그가 역할 맡기기 할 때 했던 것처럼, 그의 양 어깨에 양 손을 얹고 말한다. 이 동작을 통해서 한편으로는 동일성이 표현되고, 다른 한편으로는 뒤에서 목소리를 듣고 놀라는 일을 막을 수 있다. 프로타고니스트와 도움자아는 연결되어 있다.

지도자와 보조지도자 사이에 사이코드라마 이론, 역할과 과제의 분담, 모든 것을 뒷받침하는 이론적인 사고체제와 관련해서 근본적인 협조가 성립되어야한다. 그들은 서로를 잘 알아서 비언어적인 상호이해가 가능해야한다. 그래야 그들이 프로타고니스트의 어떠한 신호와 암시가 치유의 목적인 사이코드라마의 줄거리를 위해 사용되어져야 할지 서로 말없이도 알 수 있게 된다. 그 외에도 지도자 팀은 서로의 관계를 의식적으로 작업하여, 그들에게만 해당되면서도 프로타고니스트의 사이코드라마와 그룹의 놀이를 흐리게 하는 무의식적인 긴장감이 가능하면 없어야 한다.

지도자를 두 명으로 구성하는 것이 부자연스럽거나 추상적이라는 느낌을 불러일으킬 수 있다. 사실 외부인이 이를 모르고 사이코드라마 세션에 들어오게 되면 행동하는 인물-주요 인물-을 항상 다른 한사람이 따라다니면서 그의 자세와 몸짓에 맞추고 있는 것이 이상하고 기괴하게 보일 수 있다. 게다가 역할 바꾸기, 거울 비추기, 더블과 같은 이상해 보이는 기법을 목격한다면 더욱 더 당혹스러울 수 있다.

이 방법에 들어있는 '낯설게 하기[Verfremdung]'가 이미 그 뒤에 숨어있는 의미를 알려줄 수 있다. 이 방법을 통해 자신의 의식된 자아가 자신의 전체적인 인격을 나타내지 않으며, 인격의 중요한 – 자율적인 – 부분이 자아의식 밖에 무의식 속에 존재한다는 사실이 명확해진다고 볼 수 있다.

지도자 텍스트는 남성과 여성으로 이루어지고, 나이가 들었다면 그룹원들에게 보살피고 애쓰는 부모 같이 느껴질 수도 있다. 여러 그룹원으로 부터 부모상[像]으로 경험될 수도 있다. 그러나 이 둘이 분담하고 있는 역할은 그들과 작업하는 모든 사람들로 하여금 그들이 갖고 있는 여러 가지 기능들에 대해 숙고하게 된다. 한 지도자는 도전적인 태도로 직면하게 하고, 다른 지도자는 지지와 보완하면서, 그들이 부성적인 것, 모성적인 것, 혹은 남성적인 것, 여성적인 것을 상징하기 때문에, 그 안에 로고스와 에로스, 정신과 감정, 의식과 무의식 사이의 긴장과 상호 보완, 이 두 대극의 통합[Synthese]에 대한 요청이 포함되어 있다.

사이코드라마의 외적인 구조가 모두 이렇게 구성되어 있어서, 자신 너머의 것을 가리키는 상징으로 이해될 수 있다. 사이코드라마의 모든 놀이와 역할과 구성요소의 목적은 아주 구체적이고, 들여다 볼 수 있고, 파악할 수 있게 나타나는 형식너머의 것을 가리키는 것이며, 더 깊은 연관성들을 인식하기 위해서 형식과 내용을 투명하게 만드는 것에 있다. 사이코드라마에서 체험하는 구체적으로 극화된 것을 어떠한 차원에서 정리하고 이해하는가는 각자의 관조능력 혹은 직관능력에 달려있다. 이론적인 이해를 말로 표현하는 일은 없다.

마지막으로 사이코드라마의 다섯 번째 도구는 **그룹**이다. 그룹은 실제로 아주 각별한 의미가 있다. 여기서는 사이코드라마에서 그룹의 과제와 역할에 대해서만 이야기할 것이다. 그룹과 개인과의 관계, 사이코드라마에서의 특이한 인간 관계의 형식에 대해서는 다음 장에서 자세히 살펴볼 것이다.

사이코드라마 그룹이 너무 크지 않은 것은 아주 중요하다, 그래야 모든 참가자에게 프로타고니스트가 될 기회가 충분히 주어질 수 있다. 다른 한편으로는 역할 맡을 사람들이 충분히 있고, 그 외에도 그들과 함께 가고, 참여적인 개입을 통해 지지해줄 사람들이 있으려면 그룹이 너무 작아서도 안 된다. 일반적으로 8~12 명이 적당하다.

프로타고니스트 중심 사이코드라마에서는 그룹이 둘러앉으면 놀이를 할 공간적 틀이 만들어지는 셈이다. 중앙에 프로타고니스트 한 명만 선다. 이제 그룹에게 새로운 과제가 주어진다. 모두가 함께 고민할 뿐만 아니라 함께 행동해야한다. 역할자들에게는 이 점이 아주 분명하다. 그러나 역할자가 아니더라도 **'더블**doppeln, double' 을 통해 행동할 수 있다. 모두가 함께 사이코드라마의 시작, 내적인 구조가 생겨나는 과정과 역할과 놀이 공간이 소개되는 것을 체험하였다. 모든 이들이 완전히 관여되면서 함께 느꼈기 때문에 이제 자발적으로 행동으로 들어 갈 수 있다.

누구든지 프로타고니스트 혹은 어떤 역할자와 동일시하면서 프로타고니스트나 역할자의 뒤에 서서 그를 '더블' 할 수 있다. 즉 그는 도움자아와 마찬가지로 프로타고니스트 뒤에 서서 행동하고 잠깐 동안 도움자아를 대신할 수 있다. 그렇게 '더블 하는' 사람은 양 손을 양 어깨에 얹고 - 이를 통해서 그는 그와의 동일성을 분명히 알리고 나서 감정이든, 억누른 분노, 그동안 감추고 있었지만 이제는 말할 수 있는 실망감이든 빠진 듯한 것을 보충해 볼 수 있다. ("너는 말할 때, 나를 똑바로 쳐다보지 않아. 나를 전혀 안중에 두고 있지 않는 거지!" 혹은 "너의 눈빛을 보면 온 몸이 얼어붙어. 너는 나를 미워하는게 분명해.") 혹은 역할자와 동일시에서 갑자기 생겨나는 새로운 아이디어, 문제에 관한 새로운 견해일 수도 있다. ("지금 너는 나를 버리면 안 돼. 지금 꼭 네가 필요하니까 너는 거기 있어야 해…")

프로타고니스트만 '대표로 모든 연기를 혼자 하는 자' 모레노가 아니다. 모든 다른 역할들도 모두 자신의 경험을 대신하는 것으로 체험가능하다. 적극적으로 함께 놀이하는 '더블' 은 자신에게도 해당되는 것을 바탕으로 의식적으로 동일시하고 공동책임감을 느낌으로써 가능하게 된다. 자신의 공격성을 발산하려는 이기적인 목적으로 하면 안 되고 모든 더블은 프로타고니스트가 앞서 그려놓은 사이코드라마의 기본구조에 맞추어 야 한다. 그러면 그룹원들이 서로 '치유 요인' 모레노이 될 수 있다.

모든 사이코드라마는 원형적인 형식, 인간 보편적인 행동들의 기본 구조와 체험을 다루기 때문에 참여자 모두 자신의 속성, 자신에게 잘 알려진 측면들을 재발견할 수 있으며 자신에게도 해당될 수 있다. 더블을 통해서 자신의 체험을 다른 이의 체험과 나란히 놓고, 더욱 다양한 각도에서 바라보도록 기여할 수 있다.

프로타고니스트는 더블에 항상 반응을 하고 대답을 할 수 있기 때문에 더블하는 사람이 암시를 주거나 후견인 행세를 하게 될 위험은 없다. 하나의 더블이 '아하'-체험을 줄 수 있기도 하고 프로타고니스트가 물리칠 수도 있다. "그런 것을 나의 어머니는 아마 하지 않을 거야… 나의 아버지는 절대로 그런 말을 하지 않을 거야…" 등등. 더블이 전혀 어울리지 않는 내용이라면, 지각되지 않고 그냥 지나가 버릴 수도 있다. 아무 일도 없었다는 듯이 드라마가 그냥 진행될 수 있다. 프로타고니스트는 아이디어를 얻을 수는 있지만 남의 의지에 의해 좌지우지 되지는 않는다. 그룹의 모든 구성원이 이런 방식으로 적극적으로 참여할수록, 그들의 내면이 더 건드려지게 된다. 겉보기에는 프로타고니스트의 개인적인 사이코드라마에 모든 개인들이 공유하는 기본구조가 투과된다. 이러한 보편성 때문에 - 아마도 때때로 어떤 개인적인 주제가 기폭제 역할을 해서가 아니라 - 사이코드라마 **하나하나**는 **모든** 사람들을 항상 새롭게 사로잡는다. 그래서 아주 별것 없는 것 같은 사이코드라마도 민담, 신화와 전설과 같이 감정을 깊이 움직이기 때문에 극도로 흥미로울 수 있다.

더블과 마찬가지로 **역할 바꾸기** 혹은 역할교대는 중요하다. 놀이나 대화 도중 지도자는 프로타고니스트가 역할을 상대방과 교환해서 그 입장에 서서 (프로타고니스트가 있던 자리로 옮겨가 있는 동안) 그들의 역할과 태도로서 답을 하고 반응해 보도록 할 수 있다. 프로타고니스트는 그렇게 임시로 반대자의 역할을 맡는다. 두 사람 사이의 역할 교환에서 역동적인 과정이 강하게 일어나기 때문에 매우 중요하다. 아버지-아들-문제를 예를 들어본다면, 아들은 아버지(그에게 권위적으로 보이는)의 입장이 되어야만 한다. 그가 놀이 처음에 아버지를 '역할 맡기기' 하면서, 자신의 내적인 본질로부터 이미 한번 '느꼈을 때' 혹은 감정으로 파악했을 때보다 지금 더 아버지 입장이 되는 일이 가능할 것이다. 상대방이 무엇을 어떻게 느끼는지가 이제 역할 바꾸기에서 감정적으로 더 강렬하게 파악될 수 있다.

역할 바꾸기는 역할자를 수정하기 위해서도 가끔 필요하다. "나의 아버지는 절대로 그렇게 말하지 않을 것입니다!"라고 말하면서 프로타고니스트는 재빨리 역할자의 위치로 가서 자신이 말한다. 그러나 보통의 경우는 다른 사람에 대한 깊은 감정이입이 이루어진다. 이로써 때로는 이제까지 전혀 답을 찾을 수 없었던 근본적인 질문에 대답을 찾게 된다. (예를 들면 "아버지 저를 사랑하신 적이 있기는 한가요?"같은 질문은 프로타고니스트 스스로 – 아버지의 입으로 – 가장 잘 대답하게 된다.)

프로타고니스트는 다른 사람에게 감정이입할 수 없거나, 하고 싶지 않았기 때문에, 이전에는 몰랐던 것, 또는 알고 싶지도 않고 보고 싶지도 않았던 것을 역할 바꾸기를 하면서 알게된다. 그는 이제 투사를 볼 수 있어서, 자기자신의 어떤 면들을 다른 사람 안에서 보면서 그 사람을 거부하거나 경멸했을 수도 있으며, 다른 사람 안에서 본 자신을 사랑했기 때문에, 그 사람을 사랑했다는 것을 인식할 수 있다.

프로타고니스트 자신의 투사를 투사로서 인식한다면 "그 힘과 마술이 사라질 뿐만 아니라 그 힘을 자기 자신이 얻을 수 있다. 자기 자신을 발견하고 다시 정렬할 기회를 갖는다.…" '통합의 카타르시스'가 일어난다. 무의식의 부분이 그렇게 의식에 의해 체험되고 받아들여진다.[40)]

이 대면은 내가 주도했지만, 무의식에게도 말할 기회를 주었다. 프로타고니스트는 의식적인 대면을 시작하였고 다른 사람의 역할을 하면서, 역할자를 마주보면서, 자기 자신의 무의식의 부분을 발견한다, 즉 자신이 그에게 투사했던 내용과 특성을 만난다. 그 자신은 역할 바꾸기를 하면서 상대편의 입장에서 반응[re-agieren]하고 스스로에게 말해야하기 때문에 무의식의 내용이 의식에 연결될 수 있는 기회를 얻는다. 융은 말한다.

> "이 능력이 모든 인간사회에 필수적인 기본 조건임에도 불구하고, 타인의 논점의 유효성을 인정하는 일은 끔찍할 정도로 드물다. 자신과 대면할 의향이 있는 사람은 이러한 일반적인 어려움을 예상해야한다. 타인을 승인하지 않는 만큼, 자신 안에 '타인'이 존재할 수 있는 권리도 받아들이지 않는다. 역으로 자신 안에 타인이 존재할 수 있는 권리를 받아들일 수 있는 만큼, 외부에 있는 타인도 승인할 수 있다. 자기 내면과의 대화를 할 수 있는 능력은 외적인 객관성의 척도이다."41)

다른 사람 속으로 들어가서 감정이입을 하여 그 사람으로서 말을 해야 하기 때문에, 역할 바꾸기를 통해서 다른 사람을 향하여 – 자신 안의 '다른 사람'을 향하여 – 새로운 태도를 발견하는 것, 즉 투사를 거두어들이고, 다른 사람을 가능한 한 '객관적으로' 지각하고, 스크린으로 남용하지 않는 것이다.

자기통찰을 잘하고, 타인을 더 객관적으로 볼 수 있을수록, 타인을 잘 비추어 줄 수 있다. 모레노는 **거울**기법으로 자신을 바라보게 하여 자기통찰을 할 수 있는 기회를 준다.

프로타고니스트는 밖으로부터 비추어질 것이다. 그는 자신의 아름다움, 사랑스러움, 결점, 어색함, 서투름을 볼 수 있다. 그는 어떻게 다른 사람이 그를 보고, 그가 어떻게 다른 이에게 작용하는지 그리고 그가 표현하고자하는 것과 그가 실제로 전달하고 있는 것 사이의 차이를 본다. 그렇게 봄으로써 새로운 또는 이제까지 의식하지 못했던 자신의 측면을 알게 된다.

이런 의미에서 전체 사이코드라마를 일종의 거울기법으로 볼 수 있다. 모든 역할자에게서 프로타고니스트는 자신 인격의 측면들이 반사되는 것을 볼 수 있다. 그리고 그는 여러 가지 측면으로 만나게 되는 한 인물로 모든 이들을 통해 반사 될것이다.

사이코드라마를 마무리한다는 것은 꼭 '해피엔딩happy ending'을 만들어야하는 것은 아니며, 모든 참여자는 시작했을 때와 마찬가지로, 다시 작은 원으로 둘러앉아서 **나누기**Sharing한다.

프로타고니스트는 이제야 비로소 의식을 가지고 이 틀로 돌아온다. 프로타고니스트가 각 역할자와 작별을 하거나 자신에게 맞는 방식으로 역할에서 풀려나게 하고, 스스로 자신이 만든 무대를 해체하면서 놀이후 다시 현실로 돌아오는 다리가 놓여진다. 의자, 세부적인 것들이 모두 조심스럽게 원래의 자리로 돌아가고, 다시 아주 평범한 의자, 보조의자와 탁자가 된다. 프로타고니스트는 상상의 세계를 한 걸음 한 걸음 벗어나게 된다. 그는 구체적인 공간과 그룹에 다시 돌아오기 위해서 시간이 필요하다. 그리고 구성원들은 그가 아주 멀리서 다시 돌아온 것을 함께 느낀다. 그가 의식으로 조절하는 일을 그만두고 자신의 사이코드라마에 철저히 몰입하는 일이 가능한 만큼 이 느낌은 더 강하다.

보통의 경우에는 오로지 친밀한 관계에서만 가능하거나, 기대할 수 있는 일이 일어났을 때, 즉 모든 속박을 내려놓고, 자신 그대로를 보여주었을 때, 비로소 프로타고니스트는 자신이 포기하고 있는 것, 혹은 자신의 욕망이 의식에 떠오를 수 있다. 이제 그는 부끄러워지고, 노출되었다고 느끼고 노출된 느낌을 사라지게 할 다른 사람들의 온정이 필요하다. "그는 사랑을 주었고, 이제는 구성원들이 그에게 사랑을 되돌려 준다.… 그가 그들과 자신의 고민거리를 나누었듯이 그들도 자신의 고민거리를 나

눈다."라고 모레노는 말한다.[42]

이것이 바로 나누기Sharing, 선물하기, 선사하기의 의미이다. 그러나 무엇인가 예기치 않게, 불쾌한 일을 당했을 때, '아름다운 선물이군!' 이라는 표현법이 있다. 이 상황이 사이코드라마를 통해서도 발생할 수 있다. 모든 사람에게 자신을 완전히 열어 보여주거나 함께 가려는 마음의 준비를 하고 모든 사이코드라마를 시작하는데, 이것은 이웃 간의 정이 강하게 결속되어 있는 틀 안에서만 가능하다. 그러나 이 때 드러나거나 체험하게 되는 것이 대부분의 경우에 어리둥절하게 하거나, 분노와 당혹감을 수반할 수 있다. 프로타고니스트가 예를 들어 자신 안의 살인자와 같은, 아주 불쾌한 그림자 측면과 직면하는 용기를 낸 경우가 이에 해당할 수 있다. 그러면 그룹은 그를 받아들일 수 있는 결단력, 사랑, 용기가 필요하다. 그래야 그러한 그림자가 자기 안에도 있을 수 있다는 것을 인정할 수 있다. 그룹원들은 자신의 '고민거리'만 말해주는 것이 아니라, 자신에게도 해당됨을 알기 때문에, 그의 용기와 정직성에 탄복할 수 있다.

다른 한편, 대부분의 프로타고니스트들은 자신이 이제까지 전혀 바깥세상에 알리지 않았던, 예를 들어 숨겨왔던 동성애와 그로 인한 불쾌한 체험들을 꺼내놓으면서 각별히 자신만 압박받는 문제를 안고있다고 믿는다. 그는 '위로' 뿐만 아니라, 같은 문제에 직면한 사람이 있고 어쩌면 훨씬 더 끔찍한 체험을 했다는 것을 알게 됨으로서 거의 부끄러워지기도 한다. 그렇게 나누기는 다음 사이코드라마를 하게 하기도 하고, 이어지는 사이코드라마 세션들이 꼭 필요하게 만들기도 한다.

다시 그룹의 현실로 돌아오면, 프로타고니스트는 자신의 내적인 체험이 어떻게 현실과 관계되는지, 다른 사람들이 어떻게 자신의 체험에 반응하는지, 그들이 그와 함께 느낄 수 있는지, 그와 통할 수 있는지를 보는 것이 중요하다. 그리고 그룹원들은 분석을 하면서 거리를 유지하지 않고, 각각 체험하고 느낀 것을 솔직하게 그와 나눈다.

그룹구성원은 한 사건의 목격자가 되었고 이제 그들이 경험하고 체험한 것에 관하여 증언해야한다. 그러나 '증인이 되다, 증언한다[zeugen]' 는 나아가 '만들어 낸다, 낳는다[Er-zeugen]' 는 측면도 갖고 있다.

그룹은 수동적인 참가자로 구성된 것이 아니다. 그들은 놀이하면서 혹은 자신의 삶에 대해서 이야기하면서 프로타고니스트를 해석을 하거나 가르치려 들지않고, 자기 자신의 체험으로부터 우러나와 그가 스스로 통찰을 만들어내는 것[er-zeugen]을 돕는다.

나누기를 하는 동안 프로타고니스트는 침묵을 지킨다. 그는 작업을 하였고, 이제는 다른 사람들이 그와 함께 나누기 원하는 것을 들을 차례이다. 그는 경청한 내용을 간직하고 다니면서 다음 사이코드라마 세션까지 숙고하고 느껴본다.

나누기는 두 번 돌아가면서 하게 되는데, 다른 방식으로 증언을 해야한다. 첫 번째는 모든 놀이자는 역할을 하면서 체험한 것, 즉, 예를 들자면, 자신이 프로타고니스트의 아버지, 선생님, 어머니, 자매역할을 할 때, 그가 자신에게 어떻게 보였는지, 어떤 느낌을 주었는지를 이야기한다. 두 번째는 모든 구성원이 사이코드라마하면서 한 자신의 체험을 나누는데 무엇보다 여기 표현된 것을 보충하거나 강화시키는 자기 자신의 체험, 비슷한 패턴이나 대조되는 점을 지니는 자신의 체험을 나눈다.

다음 사이코드라마 세션은 프로타고니스트의 피드백[feedback]으로 시작된다. 그는 그간 어떻게 지냈는지, 무엇이 명료해졌는지, 어떤 것을 생각하고 체험하고 경우에 따라서는 꿈을 꾸었는지, 어떤 통찰을 하였는지를 첫 순서로 말할 기회를 갖는다. 사이코드라마가 그를 건드렸던 것을 더 성숙시킬 수 있는 시간을 두는 것이 중요하다. 그는 그것이 인간과의 직면,

세상과의 직면이든, 꿈, 그림이라는 의미에서 자신과의 직면이든 이제 혼자서 헤쳐나가야 한다. 그의 체험은 우선 구체화되어야kon-kretisieren, 사이코드라마에서 체험한 것이 완전히 자기것으로 소화되어야한다. 그러고 나서 다음 세션에 그것에 대해서 보고할 수 있으며 이와 동시에 다른 사람과 자기 자신을 향하여 회고하고 해명하게 된다.

프로타고니스트 자신 이외에 타인이 사이코드라마 내용을 지적으로 분석하거나 해석하는 것은 원칙적으로 허용되지 않는다. 아주 조심스럽게 무의식의 내용에 형체를 부여해서 드러나 보이게 한다. 형체와 그림에서 그들은 상징적 성격을 지니게 되고 상징은 영향력이 있다. 그룹이 그것을 다시 분해하고 언어화하고, 말로 '번역' 하면 그 힘이 사라져버릴 것이다.

참여자 한 사람 한 사람은 **자신에게** 때가 되면 사이코드라마에서 하나의 상징, 상징적인 행동을 의식적으로 파악하고 이해하게 된다. 그러면 **그를 위해** 무의식과 의식의 통합을 향하여 한 걸음을 나아간 것이다. 이 일은 모든 사람에게 동시에 진정으로 일어날 수는 없으며, 개인적으로 일어난다.

사이코드라마 작업의 전제와 배경에 대한 설명을 계속 하기 전에 이제까지 이야기한 것을 첫머리에 소개했던 사이코드라마 사례를 통해 한 번 더 예시하고자 한다.

이제 독자가 더 잘 상상할 수 있게 된 사이코드라마의 개별적 단계를 더 상세히 기술하겠다. 그런 후 사례 전체를 해석하지는 않더라도 어떻게 그 과정을 심리학적으로 이해할 수 있는지를 보여주고자 한다.

이미 말했듯이 사이코드라마 안에 심리학적인 해석을 덧붙이지는 않는다. 그러나 지도자는 상연되는 이야기에 어떤 심리학적인 패턴이 배경에 깔려있는지, 즉 어떤 원형적인 구조가 여기 개인적인 의식과 무의식적 경험들과 그림들, 그리고 순간의 행동들에 지배적으로 작용하는지 명확히 이해하고 있어야한다. 두 지도자가 작업할 때는 특히 그러한데, 의사소통을 더 할 필요없이 이 점에 한 마음이어야 치료적인 목표를 달성할 수 있기 때문이다. 그러나 이 일은 구체적인 행동 이면에서, 그들에게 영향을 주고 그로 인해 행동이 상징적인 성격을 띠게 하고, 그들에게 인상을 남겨서 **모든 이**가 자신의 방식으로 자신에게도 해당됨을 느끼게 되는, 원상原像Urbild, 원형原形Archetype을 인식하면 '저절로' 일어난다.

몇몇 그룹 구성원들도 자신을 위해 여러 가지를 보완적으로 고려하고, 나중에 성찰하면서 이해하려는 노력을 하게 된다. 그럼에도 불구하고 **그것을** 사이코드라마 속의 행동에는 들여오지 **않는다**. 여기에는 단지 자발적인 행동과 자발적인 말만 허락된다.

사이코드라마에서 프로타고니스트를 하려는 충동은 참여자 전원 모두 가벼운 마음으로 원으로 둘러앉는 '워밍업'의 시작부에서 생겨난다. 모나의 사례를 다시 한번 예를 들겠다. 모나는 선글라스를 쓰고 있었고, 그것을 벗지 못하는 것에 대해 그룹원들에게 사과하였다. 그녀는 이를 통해서 아주 각별한 주의가 자신에게 쏠린다는 것을 알았고, 그룹 안에서 이 '보호막' 혹은 '세상의 옷'이 더 이상 어울리지 않는다는 것을 느꼈다. 그녀는 이 주제를 들여다보기로 했다. 사이코드라마의 주제로 삼기 원했고 모두 동의했다.

지도자는 그녀의 옆 사람과 자리를 바꾸어 앉았다. 이것이 모레노식 사이코드라마의 첫 단계인 무대입장에 해당한다. 그녀는 우리가 이미 알고 있듯이, 자주 얼굴을 붉힌다고 했다. 예를 들면 이웃을 만날 용기가 없어서 마주칠 때마다 빨리 집으로 들어온다고 하였다. 홍조증을 없애려는 것이 표면상의 이유이지만 무엇이 '갑자기' 불안하게 하는 요인인지 알고자 하였다. 이야기를 하면서 그녀의 기분이 점점 나빠지는 것이 보였는데, 이것은 이제 다음 '단계'로 들어간다는 신호이다. 지도자의 신호로 그룹은 흩어져서 더 큰 원을 만들며 앉았다. 지도자와 도움자아는 프로타고니스트와 계속 이야기하면서 원을 그리며 걷는다. 이제 모나는 그룹이 시야에서 사라졌으므로 훨씬 더 이야기하기가 편해졌다. 모나는 점점 더 자신의 세계로 침잠했고 더 이완되었다. 이때 갑자기 지난 밤의 꿈이 떠올라 이야기하였다.

그녀가 오늘 사이코드라마 하길 원했던 것이 그러니까 전혀 우연이 아니다. 그녀는 – 무의식적으로 – 이미 이 꿈을 가지고 사이코드라마를 하고자 했던 것이거나 자신의 두려움과 직면하기 위해 미리 움직이고 있었던 것이다. 꿈이 자신의 문제를 푸는 열쇠이리라 추측할 수 있다. 꿈이 어쨌든 시작점이 될 수 있다.

모나가 꿈의 상에 아무런 구체적인 연상이 없었기 때문에 무대 위에 어떠한 장면도 만들 수가 없었다. 그러나 제 3단계에 들어와 있었다. 모나는 꿈을 놀이 속에서 한 번 더 실감나게 체험해야 했고, 그러기를 원했다. 지도자는 옆으로 물러섰다. 그녀는 빈 공간을 더듬어 나아가면서 도움자아와 동반하여 꿈으로 들어갔다. 그녀는 눈을 거의 반쯤 감고, 밖에서 무엇인가를 찾기보다는 자신의 내면을 느껴보았다. 그녀는 즉흥적으로 신을 벗었는데, 이때 무엇인가 떠올랐다. 그 둥근 돌로 포장된 길이 분명히 감지되었고, 어린 시절을 보낸 거리인 도르프 스트라세를 따라 걷는 것을 현실화하였다. 우리는 그녀가 문 앞에서 머뭇거리던 것, 그녀를 사로잡았던 두려움, 그냥 돌아가 버리고 싶은 마음을 이미 알고 있다.

당연히 그녀는 지도자와 짧은 대화만 한 채로 드라마를 멈추려하지는 않았다.

도움 자아: "누가 함께 들어갈 수 있다면 좀 더 쉬울 텐데."

모나: "그래, 엄마가 내 곁에 있다면 기쁘겠어." 모나는 엄마와 함께

라면 그 일이 더 수월하리라는 희망을 가져본다.

집으로 처음 갔을 때는 그저 기억나는 대로 꿈을 반복한 것이었지만, 한 장면 장면이 아주 명확해지고 꿈이 포착할 수 있게 가까워졌다. 모나는 지금 무대를 다시 만들 수 있다. 지금 다시 본 것처럼 길, 집들, 부모의 집을 표현할 수 있다. "여기 내가 가끔 함께 놀던 소녀가 살았지. 저기 저 집에는 우리가 모두 무서워하던 할머니가 살았어. 이 모퉁이를 돌아서면 정육점이 있어." …. (모든 구성원은 이 장면에서 이 풍경 속으로 함께 들어가게 된다.) 그녀 스스로는 **지금** 이때 다시 온전히 현실로 나타난 세계가 그녀가 그곳에 살았던 여섯 살 나이 **당시에** 그녀에게 어떻게 보였는지 명확하게 기억할 수 있다.

이제 그녀는 그룹원들 중에서 어머니 역할을 할 여성을 택해야한다. 쉬운 일이 아니었다. 그녀는 처음에는 어머니 또래 나이의 여성들 중에 찾다가 결국 자신과 나이가 비슷한 여성을 택했다.

어머니 역할맡기기를 하면서 우선 상세한 일생의 이야기가 나왔다. 어머니도 이 마을에서 성장했으며 신혼 초기를 보냈다. "그래. 우리는 항상 이곳에 살았어. 그러나 여기 사는 것이 즐겁지는 않아. 이웃들간에 소문이 많이 돌고 있지. 나의 가족도 근처에 살면서, 모든 일에 관여했는데, 특히 어머니가 그랬어. 아버지는 와서 정원을 돌보아 주었지. 그래서 나는 그런 일을 할 수 없다고 사람들이 수군거릴 빌미를 주었지. 그렇지만 그가 그 일을 해서 다행이야. 그래서 나는 그 대신에 교회에서 일할 수 있었지.…"

도움자아: "나는 내 남편 이야기는 하지 않고 있어. 그를 나의 놀이에서 일단 제외시키고 있는 거야."

어머니 역할에서 프로타고니스트: "맞아, 그는 그가 있어야 할 자리에 있지 않아. 결혼식 전에는 삶이 아름다웠어. 나는 기쁜 마음으로 미래를 바라보았지. 그러나 지금은 도저히 견뎌낼 수가 없군.… 그렇지만 다음 주에는 바자회가 있는데… ”

도움자아: “나는 사실 견디지 않고 도망가는 거야. 지금은 교회의 일로 도망치고 있는 거지.”

어머니: “내 남편은 내가 생각했던 것과 너무 달라. 다른 여자들에게 한눈을 팔고. 집에서는 신문만 들여다보고 있고. 심지어 가끔은 집에 들어오지도 않지. 술집에 있었다고 하더군! 아는 친구와 늦게까지. 흥! 아는 친구! 그런 일이 그에게는 더 중요해.”

도움자아: “솔직히 말하면. 나는 불행하고, 질투하고 있어.”

어머니: “그럴 수도 있지만, 절대로 인정하는 일은 없을 거야.”

도움자아: “아는 친구라고 할 때, 나는 그것이 여자라고 생각하지.”

어머니: “그럼, 그렇지 않으면 누구겠어…”

이제 이 책의 첫장[사례1]에서 이야기했듯이 부모 집으로 가는 두 번째 발걸음이 어머니의 손을 잡고 시작된다. 우리는 역할자가 자신의 역할에 들어가는 것을 보았다. 거부감을 무릅쓰며 딸과 함께 별로 좋지 않은 것이 기다리고 있을 것이라는 예감으로 간다. 실제로 집안에 들어갈 때는 딸만 아버지가 그곳 소파에 앉아있는 것을 보았다. 그녀의 마음의 눈이 본 것이지만, 마치 실제로 그가 그 곳에 앉아있는 것 같았다.

세 번째로 가기 전에 그녀는 가시화되서 거실에 앉아있는 아버지 역할을 할 사람을 찾아야했다. 우선 거실이 내적인 무대그림으로서 만들어져야한다. 이제 프로타고니스트는 다시 모든 것을 하나하나 다시 기억해 낸다. 소파, 탁자뿐만 아니라 작은 소품들 – 장식장 안에 놓여 있는 춤추는 여인. 벽에 걸려있는 아주 아름다운 여성. 창밖으로 바라보는 풍경. 사과나무, 하얀 커튼. “하지만 모두 활기가 없네.”

아버지 역할을 할 사람을 택하는 것이 어려웠다. 모나는 아버지를 찾는데 저항이 일었다. 그녀는 우선 기운을 차리기 위해 앉았다. 그러면서 독백을 한다. “어떻게 내가 그를 선택할 수 있을까? 아버지는 늘 전혀 알 수 없는 존재였지. 그는 전혀 나를 돌보지 않았어. 그와 나 사이에는 아주 커다란 간격이 놓여있었지. 나는 그를 자주 무서워했어. 어머니도 때론 무서워하는 것처럼 보였어. 그는 아주 불쾌해. 그가 가까이 오는 것도 싫었어. 가끔 어떤 냄새가 나기도 했지. 엄마는 그를 자주 역겹게 느꼈지, 특히 밤늦게 술을 마시고 집으로 오는 날은 더 그랬지. 그때는 자주 싸우고. 그는 진짜 잔인했어. 그리고 욕설을 퍼붓다니! 나는 그곳에서 자라났지. 그들은 정말 서로 말다툼을 많이 했어. 그는 게다가 한마디로 **야비했었지!**”

그러면서 프로타고니스트는 마음을 다잡고 망설임 없이 그룹에서 키가 제일 크고 뚱뚱한 사람을 선택했다. 그리고 그를 제일 딱딱한 의자에 앉혔다. 그리고 마지못해 양손을 그의 양 어깨에 올려놓기 전에 잠깐 멈추었다. “내이름은 발터” **이제** 양손을 **어렵게** 그에게 올려놓았다. 그가 농가의 대가족 출신이며 막내로서 별로 관심을 받지 못했었다는 것을 사람들이 알게 되었다. 부모님은 이미 많은 다른 아이들과 커다란 농가일로 할 일이 많았다. 그는 부모님의 사업에 가담하지 않아도 되며, 목수교육을 받고 분가할 수 있어서 기뻤다. “결국, 도시에서 나는 나의 공방을 열 수 있었다… 그러나 지금 리제와 힌터빌에서 사는 삶이 전혀 맘에 들지 않아. 처음에는 사이가 좋았지. 우리가 약혼했을 때. 그때는 부모님의 축복을 받으면서 저녁에 외출할 수 있었지. 그 이전에는 몰래 발코니를 넘어서 내려가서, 그녀와 함께 다른 마을로 가곤 했지. 리제는 처음에는 모든 면에서 정말 좋았어. 그러나 곧 모든 것이 달라졌지. 아이가 태어나자, 아내는 나에 대한 관심이 완전히 사라졌어. 아내는 나의 냄새조차 맡기 싫어했어. 그냥 질투심에만 불타고 있었어! 그리고 그녀의 가족들! 그들은 뭔가 더 잘 알고 있다고 생각해. 예전에 소년시절 집에 갇혀 있던 것 보다 지금 더 많이 벽속에 갇혀 있는 기분이야."

모나가 아버지 역할을 하는 이로부터 뒤로 물러나면서 생각에 잠기게 되었다.

도움자아: "나의 어깨가 축 늘어져있네."

모나: "그래, 나는 슬퍼, 지금 이 순간 그가 거의 불쌍해졌어… 그러나 그가 우리를 그렇게 항상 버린 것은 **정말** 나빴어."

그녀는 이제 어머니에게로 가서 말한다. (아버지는 원 밖으로 돌아 거실로 간다.)

"그래요, 우리는 다시 한 번 집으로 가야해요." 그녀는 자기도 모르게 다시 어린아이의 태도를 취하였다. 세 번째로 집으로 향하는 길을 간다. 그 둘은 무엇인가 망설였다. 모나 뒤로 더블이 와서 말한다.

"나는 어머니가 나를 지지해주기를 원했어. 나는 그녀에 대한 감정이 좋지 않아." 모나는 어머니를 이끌어 **어머니의** 손으로 문을 열었다.

그때 아버지를 보자마자, 모나는 두려움, 분노, 경악에 휩싸였다. 집 밖으로 뛰쳐나가면서 그녀는 소리 질렀다.

"그는 방탕자야!"

직관적으로 그녀는 어떤 여성이 있는 것을 느꼈고, 그녀의 상상 속에 어린 이모가 떠올랐다. 그 이모는 예전에 그들과 함께 살았고 지금은 그 옆방에 있다는 생각이 들었다. 그녀는 마음을 빨리 진정시킬 수가 없었고, '집 벽'에 기대어 섰다. 눈물이 앞을 가렸다.

도움자아는 잠시 후 말했다.

"나는 불행하다. 그리고 질투하고 있어."

모나: "아니야! 맞아! 맞아! 그에게 우리가 충분하지 않았나? 나는 그 안에 있는 그 여성을 증오해! 그녀가 미워!"

그리고 이제 눈물이 쏟아진다. 버려진 아이, 실망한 아내 그리고 '마녀'를 두려워하는 딸.

여기서 놀이는 끝난다. 그룹은 다시 원으로 둘러앉아 나누기를 한다. 프로타고니스트는 이제 말을 멈추고 듣기만 한다. 우선 아버지 역할을 한 사람이 역할하면서 얼마나 고독하고 버림받았었는지, 집안에서 전혀 이해받지 못하고 사랑받지 못했다는 말을 하였다. 어머니에게 가장 끔찍한 일은 마을 사람 앞에서 부끄러움 당하는 일이었다. 도움자아는 프로타고니스트와 동일시 속에서 자신을 얼마나 '초라하게' 느꼈는지를 강조하였다. 의지할 바없고, 그냥 딸일 뿐이었으며 '생동감 넘치는' 아이들이 있는 유부녀의 모습은 어느 곳에서도 찾아 볼 수 없었다.

놀이가 끝나고 나서 그룹원들은 자신의 삶의 체험 속 아주 다양한 이야기들을 쏟아 냈다. 흔히 그렇듯이 어려운 혹은 파괴된 결혼 가정 '아이들'이 그 중에는 몇몇 앉아 있었다. 아주 나이 많은 남성과 은밀한 관계를 갖고 있던 여성이 '그 다른 여자'의 입장을 옹호하고 꼭 '나쁜' 것으로만 생각할 필요가 없는 그들의 욕구를 인정해 주었다. 그녀는 그 남성이 위기에 처했을 때 구원한 셈이었다고 말했다. 결혼의 위기에 처해있는 남성은 '불감증'에, 이해심 없는 아내의 불친절에 시달리고 있다고 호소했다. 등등.

다음 사이코드라마 세션이 시작할 때 모나는 지난 일주일간 놀랍게도 잘 지냈다고 피드백을 했다. 그녀는 그룹 안에 자신을 보여준 용기가 기뻤고 훨씬 기분이 나아졌다고 하였다. 그녀는 자신의 어린 시절을 돌아보는 용기가 있어서 즐거웠다고 하였다. "이 마녀의 문제를 아직 업고 다니지만 그 뒤에 어려운 일 한 보따리가 숨겨져 있다." 그러나 이제 나시 한 번 더 들여다보는 일에 예전과 같은 두려움은 없다고 하였다. 그녀는 아버지에 대해서 충분히 생각을 해보게 됐고, 연민이 올라왔다고 했다. "이상하게도 우엘리(그녀의 남편)와 나는 이 주간에 각별한 사랑을 나누었고, 부부관계를 가졌다. 모든 것이 다시 정상화되었다." 그러나 그녀는 얼마나 많은 상황에서 갑자기 자신이 어머니와 비슷하다고 느꼈는지 놀랐다고 했다. 그녀가 얼마나 많은 규칙과 제한을 만들었는지 전혀 몰랐었다고 말했다. 그리고 몇 번은 자신의 아이들에게 질투심을 느끼는 것을 알아챘다고 했다. "얼마나 아이들이 모든 것을 가볍게 넘기는지! 양심의 가책을 느끼지 않으면서 공격할 수 있는지!"

모나는 다음 번 사이코드라마에서 아버지 역할을 할 사람을 선택할 때 지난 번 사람이 아니라, 아버지의 억압되고, 발달되지 않은 측면을 몸으로 나타내주는 아주 마르고 젊은 남성을 택했는데, 그가 어떤 셔츠를 입어야 하는지까지 모든 일에 지시를 내리고, 그가 하는 일을 모두 방해하려는 어머니 같은 아내 밑에서 고생하는 남성을 택했다는 사실을 덧붙였다. 그러면 그는 물론 완전히 돌처럼 굳고 아주 냉정하게 되어 버릴 수 있었다.

사이코드라마 기법에 한 가지 부언하겠다. 사이코드라마 세션마다 각 역할자는 이전의 사이코드라마에 나왔던 아버지 혹은 어머니라서 이미 그 역할을 알고 있고, 심지어 그 역할을 한 적이 있다 하더라도 다시 새롭게 역할맡기기를 한다. 역할자가 항상 새롭게 감정이입하기 위해서 역할의 힘이 새롭게 "실려야"한다. 그러나 무엇보다도 프로타고니스트는 매번 지금 그에게 중요하고, 다루고 싶은 다른 측면을 떠올려야한다. 그는 아무튼 전체적인 인간을 객관적이든 주관적이든 한 번에 다 파악할 수는 없다. 항상 어떤 한 측면에 주의를 기울일 수 있다. 아버지를 예로 든다면, 권위자, 보호자, 경쟁자, 압도적인 힘, 혹은 의지할 수도 모범으로 삼을 수도 없는 너무나 약한 자, 등등.

지금 기술한 사이코드라마 사례를 이제 어떻게 심리학적으로 볼 수 있을까? 홍조증과 그 뒤에 숨어있는 성적인 문제와 관련하여 억압된 것, 개인 무의식의 내용에 대해서 말할 수 있을 것이다. 의식적인 기억에서는 지워진 것이, 완전히 사라지지 않고 무의식 안에서 의식을 방해하는 식으로 존재감을 알린다. 이는 '감정이 강조된 콤플렉스'라는 것이다. 어떤 주제가 나오면, 프로타고니스트는 의식의 의도나 통찰에 거슬러서, 이해할 수도 없고, 조절할 수도 없는 정동[Affekte]으로 반응한다.

겉보기에는 결혼생활이 행복한 것 같지만, 그녀는 '비도덕적이고', '불륜'과 같은 위협적인 삶의 측면과는 거리를 유지해야하는 어린 여학생의 상태에 머물러 있었다. 그녀는 우선 부분적으로 여성으로서의 아이덴티티를 찾아야했다. 아동기와 청소년기에 그녀에게는 불쾌한 것도 '들여다볼 수' 있게 하는 어머니 모델이 없었다. 어머니는 친절하거나, 따뜻하거나, 수용적이지 않았으며, 그런 척 하면서 딸의 기분을 맞추어 주려고 하는 적도 없었다. 그녀는 감정적이거나 정신적인 자극을 전혀 주지 않았고, 행정적인 업무로 도피했다. 어머니의 삶은 '남성성' – 분화되지 않고, 비 본래적인 의미의 남성성 – 에 더 많은 영향을 받고 있었다다. 전문용어로는 '가부장적인 아니무스'에 사로잡혀 있는 상태이다.

모나는 딸로서 갑갑한 상황으로부터 도피하기 위해서 일찍 결혼하였다. 그녀의 남편은 그녀를 해방시킨 영웅이었지만, 나중에 드러난 바에 의하면, 그도 그녀와 비슷한 상황으로부터 도피하였다. 그는 배우자라기보다는 모나가 '딸'로 남아있듯이 '형제'로 남아있었다. 그녀는 그렇게 체험하지는 않았지만, 단지 부분적으로만 계속 발달하였다. 그녀는 남편에게서 자신의 '투사를 받는 사'를 보있고, 자극을 주기나 흥분시키는 배우자가 아니고, 단지 선하고, 인내심 있으나 지루한 남편이었다. 그녀가 사이코드라마를 하는 바로 그 시기에 그녀의 어머니의 운명이 반복되기 시작하는 것처럼 보였다.

사이코드라마에서 – 꿈의 영향을 받아서 – 그 포괄적인 연관관계, 체험을 가능하게 하는 원형적인 구조를 추론할 수 있게 하는 심리적인 역동이 이어서 보여졌다. 마녀가 있다는 것을 느낌으로 안다는 것이 열쇠이다. 이 상像뒤에 대모大母 Grosse Mutter원형의 부정적인 측면이 숨어있다. 삶을 선사하는 대신, 삶을 위협하고, 방해하는 작용을 한다. 마녀에는 어머니의 삶과 딸의 삶에 허용되지 않아서 지금까지 쌓여온, 파괴적으로 위협하는 여성성의 부분, 즉 감정, 열정, 쾌락, 욕망, 유혹, 탐닉 같은 것이 내포되어있다.

이러한 상 혹은 체험들에 공물을 바치지 않으면, 즉 의식이 무시해 버리면, 그 힘은 파괴적이 되어 버린다. 모나는 항상 이 영역에서 되풀이해서 만난 것을 – 그것이 이웃의 모습으로 나타났다 할지라도 – 부정적이고 적대적으로 체험해야했다. 그녀의 의식적인 태도가 점점 더 일방적으로 되게 하는 매커니즘에 빠졌다.

'악', 부정적인 것, 대모의 그림자측면 혹은 제외시킨 삶의 원칙에 주의를 기울일수록, 두려움을 일으키는 바로 그 측면이 변환할 수 있다. 그리고 제외시켰던 여성성의 가능성에 대한 태도가 변하면서, 아버지나 남편과 관련된 남성성에 대한 상도 변한다.

사이코드라마에서 모나가 체험한 것은 이전의 체험이 단순히 반복된 것 그 이상이다. 그것은 상징적 성격을 띠고 있다. 원형상들에서 유래하는 영향력을 갖고 있다. 그래서 이 체험은 사이코드라마를 넘어 계속해서 진행되는 영혼의 과정을 유발한다. 그녀는 다른 사람들에게 발견하고서 두려워하게되는 것들이 사실은 자신 내면의 목소리이며 넘겨받은 견해와 행동양식임을 알아차리는 것을 배웠다. 시간이 흐르면서 자기 자신의 것을 알아차리고 받아들이는 법을 배웠다. 아버지가 이모와 관계했었다는 사실과 이제 드러난 그동안 억압되었던 기억이 있었다는 사실이 아주 확실해졌다. 그러나 그것이 실제였는지 상상속의 체험이었는지는 중요하지 않다. 적어도 모나에게는 분명한 내적인 현실이 되어 있었다.

심리치료에서 과거에 대한 작업을 할 때에는 범죄를 수사하듯이 사실들을 찾아내는 것이 아니라, 내적인 영혼의 사실들을 알아내고, 소화하는 것이다. 영혼의 사실들은 해당자에게는 실제의 사실들만큼이나 의미, 현실성, 강도가 있다. 영혼의 사실들 안에는 훗날 겪게 될 일들에 영향을 주고 지배하는 깊은 체험들이 들어있다.

시간이 흐르면서 모나는 그동안 위협적이기 때문에 거부한 (남성적인 것과 마찬가지로 여성적인) 자신안의 움직임들을 인식하고 수용하게 되었다. 예를 들어, 이모를 포함하는 부모 같은 인물들에 대해 태도가 변한 것뿐만 아니라, 이전에는 두려워했던 이웃집 여자 (거의 모든 '부정적인' 모성적 성질의 투사를 받던 여자) 와 테니스를 치면서 즐거워하고, 이전에는 엄두도 못냈던 많은 일들을 해내게 되었다.

집단과 개인 4

집단과 개인 4

사이코드라마에서 '인간사이의 관계'

치료적인 사이코드라마 작업 중에 일어나는 다양한 인간관계들은 당연히 과소평가되어서는 안 된다. 이러한 맥락에서 '인간 상호간의 관계'를 감정이입, 전이, '텔레Tele'라는 세 가지 형태로 정리한 이가 모레노이다.

> 나는 텔레를 병리학에서 파생된 것으로서의 전이와 심리학에서 파생된 것으로서의 감정이입이 포함된 객관적인 사회적 과정이라고 정의한다. 감정이입은 긍정적인 의미를 띄고 있지만 과정이 양쪽 방향으로 일어난다는 뜻은 담겨있지 않다. 전이는 부정적인 의미를 띄고 있고 사회적 관계가 끝나버리고 퇴락하게 한다. 텔레는 이에 비해 그룹 구성원 간에 증가하는 상호관계를 도맡고 있다… 43)

아주 일반적으로 말해서, 감정이입은 자신을 접어두고 선입견 없이 다른 사람을 위해서, 있는 그대로의 **그의** 속성들에 열려있고, 자신을 그의 입장에 놓고 공감하는 것이다. 감정이입은 사이코드라마에서 모든 더블의 전제이다.

감정이입이 실제로 일어나기 위해서는 선입견을 버리고 자기 자신을 자각하고 자신을 인지해야 한다. 그래야 자신의 체험을 다른 사람의 것과 혼합하거나 '투사'하는 일을 막을 수 있다. 이 위험은 감정이입이 일방적인 흐름이기에 발생한다. **내**가 다른 사람의 본성과 처지에 나를 이입한다. 이때 서로 만나거나 토론을 하지 않기 때문에 나의 감정이입이 옳은 것으로 입증되거나 부적절하다는 교정을 받을 수도 없다. 그래도 감정이입이나 의식적인 동일시가 다른 사람의 체험에 참여하기 위해서는 필요하며 개인의 체험영역의 확대를 의미한다.

전이개념은 여러 심리학파에서 서로 다르게 쓰여서 정확한 이해가 필요하다. 모레노는 전이를 프로이트와 같이 생각했다.

> 한 인간이 다른 인간과 관계를 맺게 되면 다른 사람은 그 자신 그대로의 인격으로 의미가 있는 것이 아니라 주로 무의식적인 소원이나 추억 속의 상상을 짊어진 인간이 된다. 전이관계는 시간이 흐르면 사라진다. 왜냐하면 현실은 전이에서 생겨나는 기대나 공포에 부합되지 않기 때문이다. '전이'라는 것은 인간이 인간에게, 내가 너에게 향하는 진실한 관계가 아니다. 상대편은 다소간 중성적인 대상인데, 그 대상에 감정이입을 하지 않고서 … 그 대상을 통해 자신이 상상하는 관계를 실현시킨다.[44)]

융은 '전이übertragung' 개념을 독일어 번역어 '투사Projektion' 라는 의미를 띄는 것으로 인간사이의 관계과정으로서 더 세분화하여 사용하였다. 나는 앞에서 융의 상징이해를 나루면서 투사개념을 설명했는데 여기서 분명히 볼 수 있다. 자기가 되어가고, 자기를 인식해 가는 과정에서 개개인은 '알키메데스의 점'과 같이 더 잘 보고 더 잘 인식할 수 있는, 자신 밖에 존재하는 하나의 입장을 취할 수 없기 때문에, 우선 자신의 심리적 부분을 밖의 사물이나 동료인간에게 일단 투사해야하고, 그러고 나서야 그들과의 **만남**에서 자기 자신과 대면할 수 있고, 투사라는 것을 깨달을 수 있다. 투사나 투사를 받는 자와 대면하면서 그는 자신을 더 명확하게 인식할 수 있고, 동시에 주변인물을 더 잘 감지하는 것을 배울 수 있다. 그러고 나서야 진지한 인간사이의 만남이 이루어 질 수 있다. 자기 인식은 이론적이거나, 사상적이고 추상적 사건이 아니라 체험의 과정이다.

사이코드라마에서는 적극적으로 투사를 하도록 **요구됨으로서** 놀이 역동과 다른 사람들을 체험하는 역동이 일어나서, 투사를 다루고 이것을 살펴볼 수 있게 한다. 이 일은 투사를 받는 역할을 하는 사람들이 많을수록 더 성공적이며, 일반적으로 모든 참여자들이 이런 기회를 얻지만 역할을 맡은 사람에게는 특히 더욱 더 그렇다. 여러 가지 내면의 것 – 바램, 두려움, 긍정적이거나 부정적인 성질의 것 – 들이 여러 사람들에게 투사될 수 있고 그들을 통해 체험될 수 있다. 이제 이러한 성질들과 대면하는 것은 '일상적인' 관계나 개인분석에서 치유적인 '세팅'과 같이 한 인간에게 자신의 여러 가지 무의식적인 국면들을 만나서 자신의 것과 남의 것을 구분하는 것을 배워야 할 때 보다 더 수월해진다,

투사로 인해 현실에서 실제의 인물을 향해 잘못된 행동을 할 수 있다. 이것은 항상 주변 인물에 대한 행동에서 인식될 수 있고, 사이코드라마에서는 더블을 통해서, 무엇보다도 역할바꾸기를 통해서 특히 분명해진다. 다른 한편으로 투사는 역시 치유적인 가치가 있다. 왜냐하면 한번 들여다보는 일이 가능해지면, 상대에 대한 태도만 교정되는 것이 아니라 무엇보다도 자기 자신을 향한 태도가 교정된다.

> 개성화과정은 두 가지 원칙적인 측면을 가지고 있다. 한편으로는 내적인, 주관적인 상호관계의 흐름, 다른 한편으로는 필수 불가결한, 객관적

인 관계의 흐름. … 개개인이 자기 자신에 대해, 자신의 중심을 발견하기 원하면, 주변인간과의 관계가 전제되어야 하며, 그 역도 성립한다.[45]

이는 인간이 먼저 투사를 하고 나중에 이 투사가 자신의 것으로 인식되고 통합될 수 있다는 것 또한 전제로 함을 의미한다.

모레노는 이에 상응하게 인간 관계속의 창조적인 가능성을 '텔레과정 Teleprozeß' 속에 있다고 했는데, 이는 서로를 있는 그대로 보고, 그것에 기초해서 진실한 만남으로 서로를 알아보면서 관계를 맺는 것이 가능해지는 것을 의미한다.

사이코드라마에서는 상대를 있는 그대로 보게 되는 만남이 수시로 이루어진다. 이 일은 사이코드라마의 여러 가지 기법을 사용하여 연습하면서 가능해진다. 세상과 인간이 우리가 보거나 상상하는 대로가 아니라는 것을 구체적으로 볼 수 있다. 잘 진행되는 경우에는 주로 투사에 근거해 만들어진 가상의 관계가 현실에 맞게 바뀔 수도 있다. 이로서 주변인물의 권리가 보장될 뿐만 아니라 우리가 동시에 우리 자신, 자신의 중심 혹은 융의 용어로는 '자기' 에 도달할 수 있다.

"자기에 관한 관계는 동시에 이웃에 관한 관계이다. 자기 자신과의 관계를 갖지 못한 사람은 이웃과도 관계를 가질 수 없다."[46]

이것은 율법 중에서 어느 계명이 가장 크냐는 질문에 대한 예수의 대답과 대략 일치한다.(마태 22, 36-39): "네 마음을 다하고 목숨을 다하고 뜻을 다하여 주 너의 하나님을 사랑하라… 둘째도 그와 같으니 네 이웃을 네 자신같이 사랑하라."

사이코드라마는 자기를 인식하고 이웃을 사랑하는 연습의 길을 열어준다.

집단에 대한 서로 다른 입장

사이코드라마에서 프로타고니스트와 집단원들에게 주어지는 여러 가지 기능을 기술하고 나니, 이제 개인과 집단사이의 관계에 대해 근본적인 생각을 해보게 되는데, 특히 사이코드라마를 분석하여 심리학적 견지에서 바라보자니 더욱 그렇다. 융은 모든 종류의 그룹, 그룹작업, 그룹치료를 피하거나 반대하는 말을 하였다. 융심리학적 치료자들 사이에서 그룹치료에 긍정적인 가능성을 보는 사람들이 많아짐에도 불구하고 오늘날까지도 그룹치료를 거부하는 사람들도 많다.

'그룹' 이라는 개념은 사회학에서 오늘날까지도 불명확하게, 여러 가지 의미로 사용된 명칭으로서 무리, 덩어리, 셀 수 있는 인원의 수를 지칭한다. 이 인간들은 서로 특별한 사회관계를 맺으며, 그룹 밖에 있는 사람들과도 그러하다.

'그룹' 은 '층, 계급, 일부 주민' 이라는 말과 동의어로 사용될 수 있다.

심리학과 사회학에서 그룹은 조직organisation과 마찬가지로 개인과 사회의 매개체로서의 사회조직을 일컫는 중요한 개념이다.

융이 이러한 조직에 대해 얼마나 회의적으로 생각했는지는 그가 1955년 그룹과 그룹치료라는 주제에 대해 입장을 취한 편지에서 알 수 있다. "이 때, 한 그룹 안에서 어머니와 아버지를 만드는 것은 그 이전과 같이 더 의존적이고, 더 불안정하고, 유아적으로 만들기 때문에 위험하다." 그러면 이 그룹은 개인에게 위협을 의미한다. 퇴보할 수 있는 위험, 더 낮은 수준으로 가라앉을 수 있는 위험이 도사리고 있다. 그러나 작은 그룹에 대해서도 융은 회의적인 입장을 취했다.

모든 그룹현상에 대한 강한 거부는 아마도 융이 내향적 태도를 지닌 데서 오는 '객체에 대한 독특한 태도' 때문일까?

> "내향형은 객체를 추상화하면서 관계한다. 그는 마치 객체가 거대한 힘을 갖게 되는 것을 예방하려는 듯, 객체에서 리비도를 빼내는데 관심이 있다."[47]

이와 반대로 모레노는 사회측정학을 그룹치료의 기초로서 발달시키면서 작업을 하였고 외향형에 속한다. 융은 그의 유형론에서 "외향형은 객체에 대해 긍정적으로 작용한다. 그는 자신의 주관적인 태도를 항상 객체로 향해있고 그에 관계하는 정도로 그 의미를 인정한다. 객체는 그에게 충분히 가치부여가 되어있지 않은 상태이므로 그 가치를 더 높여야 한다."라고 하였다.[48]

융은 처음에는 아주 회의적이었지만, 시간이 흐름에 따라 그룹의 중요성을 인정하였다. "개인의 사회화를 아주 중요하게 생각하는 현대에는 특별한 적응행동이 요구되기 때문에 심리학적 관심을 기울이는 그룹을 형성하는 일은 확실히 더욱더 중요한 의미를 띈다." 그리고, "나의 견해로는 오직 집단 치료만이 사회적인 인간을 교육시킬 수 있다."[49] "개인과 집단 혹은 사회와의 긍정적 관계는 아주 중요하다. 왜냐하면 인간은 혼자 사는 것이 아니라 하나의 그룹과 공생적이고 의존적이기 때문이다."[50]

융은 결국 "('정신분석적' 방법도 포함한) 개인분석치료는 두 개인 사이의 변증법적인 과정에 초점을 맞추게 되기 때문에, 집단적-사회적 관점에서 볼 때는 단지 일방적인 성과만을 보장한다는 점을 인정하지 않을 수 없다."[51] 라고 하였다. 이 일방성은 아주 조심스럽게 병행되는 작은 그룹에서 '사회적 인간' 으로서 주변인간들과의 관계를 의식적으로 체험하고 발달시킬 수 있는 심리학적 작업을 통해 보완될 수 있다.

19세기에는 사회현상의 분석 진행과정에서 개인의 유일무이성이 뒷전으로 물러난 반면, 20세기 전반부에는 개인들이 저항함에 따라 사회시스템과 그것을 결정하는 요소들의 가치를 평가절하하는 사고풍토가 등장하였다. 이러한 긴장으로부터 모레노는 '본래적인 실험적 그룹연구' 를 시작한다. "모레노는 한편으로는 소위 '소시오 그램Soziogramm' 의 도움으로 그룹의 역동적인 구조를 파악할 수 있는 새로운 가능성을 열었고, 다른 한편으로는 역할 놀이 ('사이코드라마와 소시오드라마')에서 집단을 영적 치유의 과정으로 들어가게 하였다." (모레노의 추종자가 아니라 페터 호프스테터Peter R. Hofstätter가 '집단역동' 에 관한 사실에 입각한 보고서에 이렇게 기록하였다.)[52]

사이코드라마에서처럼 개인분석에서도 주변인간과의 관계를 만들어내거나 재구성한다. 이 두 치료법 모두 신경증의 원인 중 하나가 사회적 관계망의 상실이라는 점을 고려하고 있는 것이다.

그 안에는 개인과 사회적 인간으로서의 역할은 서로 다른 것이지만 서로 분리할 수 없이 연결되어있다는 이해도 포함되어 있다. 융은 다음과 같이 결론을 내린다.

1. 집단치료는 사회적 인간 교육에 필수적이다.
2. 그러나 개인 분석을 대체하지는 않는다.
3. 이 두 가지 형태의 치료법은 상호 보완적이다.…[53]

사이코드라마 집단

융학파 치료자가 적용하는 사이코드라마는 더 깊은 자기 성찰과 '자기 Selbst체험'[54]을 추구하는 작은 그룹에서 이루어진다.

이 그룹의 정원은 10명~12명이며, 남녀노소와 사회 각계각층 출신들로 이루어져서 다양한 참가자들로 구성되어있다. (그 외에 비슷한 문제를 갖는 그룹이 있을 수 있고, 그 구성원이 서로 어울리는 그룹이 있을 수 있다.) 항상 모든 구성원들은 원칙적으로 평등하다. 나이나 사회적 지위로 인한 차이가 서로의 관계에 영향을 미쳐서는 안 된다.

모든 그룹은 시간이 지나면서 어떠한 종류의 개인들로 구성되었는가에 따라, 지도자나 한 쌍의 지도자가 개인적으로 어떠한 입장을 가지고 있느냐에 따라 그 스타일이 결정結晶된다. 어떠한 경우에도 목적은 치유에 있다. 증상이 사라지고 갈등을 해소하고 결국 전체가 된다는 의미에서의 치유이다. 모레노의 용어로는 우주적인 차원으로 돌아가는 것이며, 이것은 동시에 다른 인간과의 관계를 의미한다. 융의 용어로는 의식과 무의식의 통합을 가능하게 한다는 의미로서의 자기를 찾는 것, 내적 세계와 외부 세계에 관계를 맺는 것이다. "개성화는 세계를 제외하지 않고 포함"하기 때문이다.[55]

일반적으로 중심을 찾는다는 목표는 각자가 모두 **자신**의 중심을 찾는 것을 의미하기 때문이다. 그리고 이 말은 그룹도 배열하는 자기 konstellierenden Selbst에 따른다는 것을 의미**할 수** 있다. 융이 전제하는 바에 의하면 자기는 모든 다른 원형들, 인간이 체험할 수 있는 모든 가능한 것들의 구조를 정리하는 중심이 되는 원형이다.

비록 '헌신적 행위' 라는 치료 이념이 의무아닌 의무가 될 수 있을지언정, 의무적인 외적 그룹 목표는 존재하지 않는다. 그래서 의무적인 '그룹 이념' 도 없다. 그룹이 함께 긴 기간 동안 작업을 하면 강한 신뢰감의 기반과 서로에 대한 책임의식이 자라난다. 구체적인 혹은 아직은 뚜렷하지 않은 어려움과 대면하고자 하는 한 가지 소원을 모두 공유함으로써 유대감이 생기는데, 그룹의 도움으로 (혹은 여러 사람이 있는 앞이라 할지라도) 내적인 발달이나 질서를 잡는 과정이 시작된다.

그런 만큼 참여자나 방관자없이 집단구성원으로서 모두 특정 기간 동안 인원 변경 없이 함께 머문다. 즉 서로 어려움을 견디며, 이해하고 함께 작업해야 한다. 모든 사람들은 그룹이 편하든 불편하든 '안에' 머문다. 다른 사람의 '실수' 가 나를 힘들게 할 때, 형제의 눈 속에 들보가 거슬릴때⑫ 바로 이때 나의 문제와 대면할 수 있는 가능성이 생긴다.

⑫ 누가복음 6:41. "어찌하여 형제의 눈 속에 있는 티는 보고 네 눈 속에 있는 들보는 깨닫지 못하느냐."라는 성서구절은 남을 판단하기 보다 자신을 먼저 살펴야한다는 교훈을 담고 있다. 엘리노어가 "형제의 눈 속에 들보"라고 한 이유는 내 눈 속에 있는 들보가 형제의 눈속의 들보로 투사 되어 나타났기 때문에, 이와 대면함으로써 내 눈 속에 있는 들보를 알아차릴 수 있는 기회가 주어진다는 의미이다.

사이코드라마는 '연극공연Theater'이 아니고, 참여자의 발달과정을 주제로 하기 때문에, 페르조나가 중요한 것이 아니다. 융이 도입한 '페르조나라틴어 persona' 라는 개념은 '가면Maske'을 의미한다. 사람들은 이 가면을 씀으로써 자신을 – 자주 무의식적으로 – 그 뒤로 잘 숨길 수 있다. 이 페르조나를 가능한 한 내려놓고, 그 뒤에 있는 진정한 얼굴을 알게 되고, 다른 사람들에게 보여주는 일이 사이코드라마에서 가능하다. 이때 '페르조나'는 인위적인 역할이나 바깥 세상에 보여주기 위한 단순한 겉옷이 아니다. '페르조나'는 보호하는 기능이 있어서, 세상으로 나갈 때 필요한, 개인의 '사회적 외투'이다. '페르조나'가 단순히 가면이거나 사회적 외투이건 간에 인격의 핵이 약한 사람에게나 거친 사회적 환경에서는 말할 나위 없이 큰 보호작용을 한다. 이러한 보호를 시간이 흐르면서 포기할 수 있기 위해서는 그룹이나 개인의 아주 큰 신뢰가 필요하다. 이 일이 성공할수록, 개인이 본래의 자기 자신일 수 있을수록, 더 온전하게 다른 사람으로부터 인식될 수 있고, 받아들여질 수 있고, 심지어 사랑받을 수 있다.

그러나 아무도 자신이 원하지 않는 것을 누설하도록 강요되지 않는다. 페르조나에 관한 것이든 다른 내용이든 비밀로 하고 싶은 것은 그렇게 해도 된다. 무엇인가 비밀로 해야 하는 것이 있다는 느낌, 즉 모든 사람이 자신 안에 상처받을 수 있는 것이 있다는 점이 그룹을 결속한다. 그래서 상호간의 신뢰가 크고, 사이코드라마 그룹원들 사이에 마음이 열려 있을수록 외부인들에 대해 비밀을 지키는 일이 더 당연히 가정된다.

이 그룹 안에서는 책임의식이 자라난다. 모레노는 치유적 그룹에서 모든 참여자는 비밀의 의무를 지켜야 하며, 무엇보다도 다른 사람에게 피해를 줄 수 있는 것은 외부인에게 말을 해서는 안 된다는 확고한 의식이 있다. 여기서 그는 히포크라테스의 선서와 일치점을 발견한다. "집단적인 맹세는 비 심리학적이며 집단 심리치료 모임의 자발적인 성격에 모순된다." 그러나 구성원들은 서서히 '그들의 상호간에 완전한 책임감'을 이해하고 그에 일치하게 행동하는 것을 배우는 것이다.[56)]

사실 각자 그런 형식의 책임감에 도달하는 것이 가능한 것은 모든 사람들이 동시에 다른 이들에게 자신의 은밀한 부분을 이야기하면서 침묵을 통해 그것이 보호되기 때문이다. 이로써 사이코드라마집단은 지극히 개인적인 과정이 필요로 하는 보호된 공간을 제공한다. 나아가서 제의적으로 지켜지는 형식과 놀이규칙이 그리스 비극을 원조로 하는 전체 드라마의 구조와 마찬가지로 보호된 공간을 만드는데 도움이 된다. 이에 관해서는 다음 장에서 더 자세히 다루기로 한다.

사이코드라마에서 개인과 집단

개인과 집단은 서로 연관되어 있는 두 개의 극이다. 그 둘은 반대되지만 동시에 서로를 필요로 한다. 그들은 상호 보완적으로 기능한다. 집단이란 정도의 차이는 있지만 서로 다른 개인들이 모여서 이루어진다. 개인이 집단과 대극 관계에 서게 되는 것은 집단으로부터 벗어나서 대면하게 될 때이다.

이 두 가지 측면이 오늘날 많은 사람들이 집단에 대해서 양가감정을 느끼는 이유에 속한다. 집단이 주는 소속감과 안온감 때문에 끌리지만 동시에 개성에 대한 강한 욕구가 있다.

집단작업이나 집단치료에 대한 **저항감**은 대부분 **두려움**에서 비롯된다. 그룹에 의해 받아들여지지 않을 가능성, 권위, 그룹이나 지도자에 의해서 유린되는 것이 두려운 것이다. 그룹의 집단의식, 소위 집단-가이스트 Gruppen-Geist에 대한 두려움, 다른 사람들에게 '싸이코'로 낙인찍히게 될

지도 모른다는 두려움이 있다. 많은 사람들이 무의식적으로 가지고 있는 두려움은, 사이코드라마에서 페르조나가 쉽게 무너지고, 그 뒤에 숨겨져 있는 자신의 보고싶지 않고 보여주기 싫은 모습이 드러날지도 모른다는 것이다. 세상에 '사회적인' 외투 없이 벌거벗고 서기를 원하는 사람은 없다. 두려움이나 오해 때문에 대부분의 사람들은 모든 내적인 가치를 위해 상아탑을 쌓았고, 긴 세월 동안 그 속에 갇혀 지내면서, 그러한 삶을 '개성화'와 혼동하게 되었다.

그렇지 않은 사람들은 결국 – 모든 의식적인 숙고에도 불구하고 – 무엇인가 이상하다는 생각, 혹은 적어도 보완이 필요하다는 생각을 하기 시작한다. 즉 '인간적인 맥락'이 필요하다고 느끼게 된다. 이러한 인간은 무의식적으로 "자기Selbst에 대한 관계는 동시에 주변인물에 대한 관계라는 것을 느끼고, 이러한 관계를 가지고 있는 것이 아니라 이 관계가 우선 자기 자신을 가지고 있다."는 것을 느낀다.[57] 그래서 '옳은' 자신과의 관계를 발견하는 것이 중요하고, 다른 사람이 자신 앞에 들고 있는 거울을 통해 자신을 항상 새롭게 보아서 현실에 가까운 풍성한 인간관계에 도달할 수 있다.

그러나 모든 개인은 자신의 의식 태도에 의해서만 규정되는 것이 아니라 무의식적인 집단적 맥락들 속에도 존재한다. 그래서 그는 집단의식에 참여하고 있듯이 집단무의식에도 관여되어 있는 것이다. 이때 집단의식의 내용을 충분히 다루지 않고 주관적인 의식이 집단의식의 내용과 동일시되면서 팽창될 위험이 있고, 집단적 **무의식**의 내용이 완전히 억압되어서 에너지를 끌어당기는 것을 경험할 수 있다. 그러면 개인은 그렇게 강력하게 되어버린 집단무의식의 현상들에 힘없이 노출된다.

그 결과로 나타난 것이 소위말해서 대중인간Massenmensch인데 아무도 자신이 그런 인간이라는 것을 알지는 못한다. 그런 사이 집단의식은 그러한 대중인간을 과소평가하고 의식적으로 거리를 둔다. 자신 안에 있는 대중인간의 측면을 강력히 거부한다는 사실을 통해 그 측면이 그림자로 내면에 존재한다는 사실을 추측할 수 있다. 의식이 그렇게 판단하면, 무의식에 어떤 영향을 준다.

노이만은 1949년 이미 다음과 같이 쓴 바 있다.

> 현대인의 무의식속에 있는 대중인간은 심리적으로 부분 구조, 부분 인격으로 존재해서… 그 부분 인격이 자율성을 행사하게 되면, 치명적인 결과를 초래할 수 있다… 이 무의식 속에 있는 대중인간은 의식의 반대에 위치하고 있다.… 그리고 비합리적, 감정적, 반개인적이고 파괴적이다.… 대중인간은 그림자이자 부분 인격이며 자아의 어두운 형제이어서 자아가 의식적으로 무의식의 심연으로 들어가 대중인간을 찾아올라와 의식에 연결시키는 통합의 과정을 거쳐야 한다.[58]

사이코드라마 집단에서는 이 집단적 그림자, 대중인간 그림자의 측면을 개인의 심연에서 발견하는 것이 가능할 수도 있다. 예를 들면 집단적으로 전승된 행동양식과 반응양식에서 발견하여 이것을 바로 자신의 심리적 요소로서 인정하는 데 성공할 수 있다. 마찬가지로 사이코드라마에서 인격의 다른 측면들을 아주 구체적으로 만날 수 있다. 우리안의 대중인간은 그림자로서 존재하다가 의식적으로 체험될 수 있다. 이것이 '인격의 확장'이다.

개인과 집단이 서로 무의식적으로 끌어당기는 힘은 나아가 '원소화 된 개인atomisierte Individualität'의 그림자 측면을 통해 영향을 발휘한다(노이만). 자아와 의식을 무의식의 과도한 힘, 혹은 집단이나 권위의 감시로부터 해방시키는, 원래는 긍정적인 과정이 시스템들 간의 균열과 원소화된 개인주의를 초래했다.

처음에는 성공적인 결과를 자랑스러워했으나 이제 고립이라는 상황을 겪게 되었다. 개인은 계속 자유를 획득하지만, 이로 인해 갈수록 관계를 상실하게 된다. 가장 작은 집단인 가족조차도 이제 사라져 가는 것 같기 때문에, 점점 더 개인이 어떤 자연스러운 그룹, 생동하는 집단 속에서 태어나는 경우가 줄고 있다.

세상에 의식적으로 적응하기 위해서는 특정한 '인격', '개인의 특색'을 지닐 의무가 있다. '자기실현'이라는 키워드가 현재 유행어가 되었다.[59] 정보와 '창의성'프로그램의 홍수 속에서 개인은 자신의 뿌리가 있는지, 있다면 어디로 내려있는지, 어디에 소속되어있는지, 자신의 인생의 의미는 무엇인지 점점 더 알 수가 없어진다.

그래서 노이만은 결론을 내린다.

> 현대의 인류 혁명의 소용돌이 가운데에서 우리는 모든 가치가 뒤바뀌고 개인이나 집단이 방향감각을 상실함으로 인해 집단적으로는 정치적 장애, 개인적으로는 심리적인 장애를 매일 매일 새로이 겪으면서 고통받고 있다.[60]

그렇게 방향감각을 상실한 인간은 외적, 내적 가치 상실 뿐만 아니라 무엇보다도 무관계성과 관계불능성을 의식하면서 고통 받게 된다. 그들은 위축되어 있고 자신의 본능과 무의식에 대한 간단한 통로마저 잃었다. '영혼이 결여된 대중관계 속에서 고독을 참을 수 없게 되었기 때문에' 그들은 그룹을 찾기 시작하였다. '방향성이 없고, 이성에만 따르며, 원자화되고 무의식에서 분리된'[61] 현대의 인간은 죽어버린 감정에 삶을 불어넣고, 다른 사람과 연결되고자하는 무의식적인 희망을 가지고 그룹으로 온다. 이곳에서 무엇보다도 원자화된 개인주의의 원인을 알게 된다.

즉, 그는 세상에 적응하기 위해서 제외시켰던 심리적 내용과 직면하게 된다.

이웃 간의 정을 갈망하면서 집단을 찾아 돌아오는 것이 퇴행을 의미할까? 잃어버린 파라다이스에 대한 향수가 일어나는 것인가? 융이 말한바와 같이 그룹이 '개인적인 고유한 것의 부족함'을 감싸줄까? 그룹이 잃어버린 사회적 관계의 대용물이 될까?[62]

고립감 혹은 관계 불능 상태라면 분명히 따뜻한 그룹이라는 공동체 속에서 보호받고 싶어 하는 유아적인 소망이 생길 수 있다. 그러나 개인분석에서도 자신의 모든 것을 이야기할 수 있는 시간에 자신을 받아들여주는 느낌을 주는 아버지나 어머니 같은 분석가에게 유아적인 기대와 그리움이 일어난다.

사이코드라마에서 하는 작업은 개인이 다시 집단화하게 되는 현상인 것이 아니라 그룹의 도움을 받아 그룹과 대면하면서 새로운 방향을 찾는 일이다. 자기 자신에게 뿐만 아니라 주변인물과도 새로운 관계를 맺는 것과 의미를 체험하는 것이 중요하다.

사이코드라마에서 모든 그룹구성원은 살면서 시기적인 차이는 있지만 집단에 들어가서 세상에 적응하여 살고 있다. 개인적인 성향과 자신의 활동가능성에 부합하는 자명한 방향성과 적응이었다. 적응하는데 필요하지 않은 자신안의 경향은 당연히 억누르거나 심지어 억압하게 된다. 그러나 이 일은 '적응되지 않은' 태도를 억누르는 것이며 열등한 기능을 소홀히 하는 것을 의미한다. 외향형의 경우에는 내향성이, 내향형의 경우에는 외향성이 적응되지 않은 태도라서 점점 외면한다. 예를 들어 감정형은 사고기능이 '별 쓸모가 없고' 단지 불쾌한 시선을 끌어당길 수 있기 때문에, 감각형은 실수를 하게 될까봐 직관을 억누른다.

이렇게 지니고 있는 가능성을 무시하는 것은 마음이 일방적이며 빈곤

하게 되는 결과를 초래할 뿐만 아니라 개성화 과정, 즉 전체성에 도달하는 길을 근본적으로 방해한다. 세상이 원하는 것을 충족하기 위한 일방적인 노력이 탈진, 불만족, 우울 혹은 반항으로 급변하는 시점에 도달한다. 공허감과 제대로 산 것 같지 않은 느낌이 올라온다. 심리적인 에너지가 물러나면서 '마비되고', 이제까지의 전행progression(진보적으로 세상에 적응하는 과정)에서 후행regression으로 반전이 일어난다.

이것은 분석을 시작하거나 사이코드라마 집단에 오는 순간이 될 수도 있다. 분명히 말할 수 없는 불만족감에 사로잡히면서 아마도 변혁을 위한 무의식적 희망이 새로운 길을 찾게 한다. 어쨌거나 이것은 본능의 반응일 것이다. 무엇인가 불편한 것을 느꼈지만 억압하고 점점 더 많이 억압하면 상태가 더 악화된다. (바로 우리 문화 속에서는 영혼의 흐름에 주의를 잘 기울이지 않는 일이 흔히 일어나고 있다.)

일방적으로 적응함으로써 생기는 내적인 긴장감을 돌보지 않으면 갈등이 생긴다. 이 갈등은 가능한 한 최대한으로 간과되며 억압되고 그 원인을 외적인 것으로 돌려버린다. 이것은 마침내 원하는 기운이나 기능들, 억압된 기운과 기능 사이의 분열, '인격의 분열', 신경증을 초래한다.[63] 증상들이 생기고, 행동에 실수들이 생기고, 비참하게 느끼고, 공격적이거나 우울하게 된다.

처음으로 불편함을 느꼈을 때 후행을 했어야했나. 늦었지만 이제라도 시작하면 좋을 것이다. 후행은 내면의 세계의 요구에 적응하는 것이다. 후행에 이어 전행이 이루어진다. 긴장되고 깨어있는 의식에 잠이 이어지듯이 후행은 잠처럼 재생시키는 효과가 있다.

태도가 주로 외향이었다면 이제는 아마도 내면으로, 사물의 내적인 본질과 자기 자신에 주의를 기울일 것이다. 주로 내향적이고 주관적인 영혼의 과정에 관심이 있었다면 이제는 밖으로 – 예를 들면 사이코드라마 집단으로 – 가서 자기 자신으로부터 나와서 다른 사람도 지각하고, 그들의 행동 등에 주의를 기울이고, 그것과 관계를 맺는 것이 필수 불가결하다.

내향적 태도나 외향적 태도 모두 전행 혹은 후행으로 작용할 수 있다. 후행인 경우에는 선천적으로 물려받거나 학습된 태도에 역행한다. 이제까지 적응하려고 한 목표들이 그 가치를 잃어버리고, 의미 없이 되어버릴수록, 이제까지 살아지지 않거나 주의를 기울이지 않은 채 머물고 있는 심리적 가능성들의 의미가 더 강하게 체험된다. 무의식적 내용이 – 개인무의식이든 집단무의식이든 간에 – 점점 힘이 더 세져서, 약한 자아가 그에 노출되면 범람되어 크게 위험할 수 있다. 그 외에도 이제까지 제외시켰던 내용들이 이제까지 삶에 허용되지 않았기 때문에 개발되지 않아서 고태적이고 위협적이거나 불쾌한 경향을 띈다.

후행은 활력을 주는 잠일 뿐만 아니라, 놀라서 소리 지르며 깨어나는 악몽을 수반하는 수면일 수 있다. '악몽'의 내용은 예를 들어, 집단 안에서 서로 다른 구성원과 지내는데 의미를 발견해야 한다고 주장하거나, 우리 혼의 고태적인 부분을 고통스럽고 실감나게 체험하게 하기도 한다.

적응된 의식은 후행적인 내용과 욕구를 받아들이는 일에 저항한다. 그러나 전행이 불가능하게 되면 의식이 동의하지 않아도 후행이 일어나게 되는데, 어떤 모습으로 나타나든지 간에 심리적인 내면세계에 적응하는 것을 의미한다.

내면세계에 적응이 이루어지거나, 갈등, 악몽, 증상들이 압박하면 영혼의 에너지는 다시 전행을 할 수 있게 된다. 의식이 후행에서 활성화된 심리적 내용을 연결할 수 있으면, 더 큰 전체성을 향해 한 걸음 내딛게 된다.

이러한 의미를 갖고 있는 후행의 기회를 그룹이 제공한다. 그룹은 전체성의 모사Abbild로서 무의식적인 전체성에 대한 향수를 달래줄 수 있다. 그룹은 전체성으로 향하는 과정을 지지할 수 있으나 과정의 목적이 될 수는 없다. 바꾸어 말하면, 집단은 원형이 아니며 원형적 속성의 모사이다. 그룹은 자기selbst를 육화한 것이 아니다. 가장 잘 된 경우 그룹 속에 자기가 현현할 수 있다.

사이코드라마집단은 후행 중에 나타나는 현상들을 소화하기 위한 좋은 여건을 특별하게 잘 만들어 준다. 고태적이고 개발되지 않아서 불쾌감을 주는 측면들을 사이코드라마의 기법들을 사용해서 형상화할 수 있는 보호된 공간을 만들어 준다.

심리적인 내용을 구체적으로 몸을 움직이면서 체험하면 강한 효과가 있어서 영향을 주고 변화시킨다. 원시적인 느낌을 불러일으키는 – 숙련되지 않아서 아직 서투른 – 내향화로 가는 시도를 해 볼 수 있을 뿐만 아니라, 진지하게 받아들여진다. 아주 어리석어 보이거나 공격적이라는 느낌을 불러일으키는, 이제까지 소홀히 한 외향으로 가는 시도도 마찬가지이다.

'밖의' 세계에서는 감정을 인정하고 심지어 표현해 보려고 하고, 몸짓으로 보여주려고 체험하는 일이 가엾게도 실패할 수 있다. (오늘까지도 아직 부끄러워하면서 눈물을 흘리는 일이 얼마나 자주 일어나는가!) 사이코드라마 그룹의 보호된 공간에서는 이러한 일을 함께 하며 묘사적으로 표현한다면 자신의 감정도 그 옆에 가져다 놓는다고 할 수 있다. 이 일은 '나누기sharing' 때와 같이 드라마가 진행되는 동안에도 일어난다.

사이코드라마 집단은 또한 무자비함, 상처, 죄를 모든 사람들에게 보여줄 수 있는 울타리가 될 수 있다. 세상에 적응하면서, 다른 사람들을 보호하기 위해 억압했거나, 직면하는데 대한 두려움도 있어서 눌러두었던 기운들이 이제 현실이 되어 새롭게 다루어질 수 있다. 그 절박함과 심각성이 사라지지는 않지만 억압하고 비밀에 부쳤기 때문에 갑자기 폭발하여 망신 당하게 되는 일은 면할 수 있다. 사이코드라마 집단은 증인이기 때문에 보통 고해성사 담당 신부가 하는 기능을 하게 된다. 그래서 프로타고니스트는 짓누르는 중압감으로부터 해방되는데, 이것은 죄 사함 받음Absolution과 비교할 수 있을 것이다.

"해방 혹은 치유는 모도 파티시파치오니스modo participationis참여, 즉 하나의 객체에 참여함으로써 일어난다."라고 신학자 틸리히Tillich는 말한다.[64] 집단 안에 모든 사람들은 – 지도자도 포함해서 – 객관적인 사건에 참여하고 파괴성과 죄를 시인한다. 모든 사람은 그런 용기 있고 격한 드라마의 치유적인 효과의 증인이 된다.

구성원들이 그룹의 역할을 과도하게 크게 생각해서 '자기'를 그룹이나 지도자에게 – 거대해진 부모 – 투사할 수 있는 위험이 있다고 외부인들이 보는 것도 쉽게 이해될 수 있는 일이다. 지도자는 그러한 투사를 받아들여 자아팽창과, 자아과대평가에 빠질 위험을 안고 있다. 그러나 직접 사이코드라마에 참여해 보면, 프로타고니스트와 각 개인들이 전적으로 공유하면서 자신에게도 해당된다는 마음이 일어나 함께 고심하는 것을 체감할 수 있고, 동시에 얼마나 모두 무력한가, 하지만 어떻게 사건들이 저절로 구조화되고 모든 사람이 함께 작용하는지도 체감할 수 있다. 그렇게 되면 드라마 하기 전에 몰려왔던 두려움이 우스워지고, 거의 주제넘어 보이게 된다.⑬

모든 원형의 구조에 영향을 주는 중심에서 정돈하는 원형을 자기라 부르고, 사이코드라마에서 원형적인 상황이 구조화, 즉 표현되고 체험된다면, 참여자나 지도자에게는 누군가가 '무엇을 했다'라는 생각이 들지 않는다. 이와 반대로 참여했던 한 신부님은 "내가 성령이 움직이는 것을 체험했다면, 그것은 이곳 사이코드라마에서였을 것이다."라고 말했다.

---

⑬ 자기에게 맡기지 않고, 자아가 주도하려는 태도가 드라마 하기 전에 몰려왔던 두려움의 원인이었다는 사실을 깨닫고, 자아가 오만했음을 알게 된다는 뜻.

그렇다고 해서 사이코드라마의 의미가 과장되어서는 안 된다. 그러나 이 언급은 인간이 서로 만날 때 그 사이에 작용하는 기운의 힘을 알려준다.

사이코드라마에서 모든 사람이 영혼의 핵심인 자기selbst에 힘쓴다면, 사이코드라마에서 누미노제 체험이 가능한가라는 질문이 생긴다.

모레노는 거의 유아적으로 직언하였다. "신은 죽지 않았다. 신은 사이코드라마에서 살아 있다."[65] 융은 한 서신에서 말했다. "자기…는 그 본질상 다수이다. 말하자면 하나의 집단이다. 집단성을 표현하고 긍정적인 의미에서 작용한다면 그룹을 만들어 낸다."[66]

그룹이 이러한 방식으로 '창조된다'는 것을 알고 신뢰하면 그룹 안에 있는 모든 이들은 용기 내어 그룹 속에서 더 깊고 온전하게 영혼을 만날 수 있다.

사이코드라마집단의 모든 참여자는 '후행욕구'를 가지고 있다. 후행의 강도와 급진성은 그 뒤에 이어질 전행의 성격에 좌우된다. 쌓여있는 에너지가 변환되어 내적인 외적인 세계의 요구에 대하여 새로운 입장을 취하게 된다. 이때 사이코드라마가 아주 커다란 도움을 줄 수 있다. 그렇다 하더라도 개인분석을 대체할 수는 없다. 그 이유는 간단하게도 프로타고니스트가 될 수 있는 기회가 드물다는 것이다. 그 외에도 떠오르는 내용이 지적으로 분석되는 것이 아니라, 그 감정적인 내용이 체험되어서 사이코드라마치료만 하는 것은 위험할 수 있다. 감정적으로 경험된 사실의 '분석적' 작업이 너무 짧게 끝날 수 있기 때문이다.

반대로 개인분석에서 무의식적 내용을 지적으로만 파고드는 것은 충분하지 않을 수 있다고 융은 『전이의 심리학』에서 말하고 있다.

대부분의 사람들은 생각을 통해서 이해하는 것을 추구하며 순수하게 일어나는 단계를 인내심 없이 건너 뛰려한다. 지적으로 이해했으면 충분히 실현한 것처럼 보인다. 그러나 그 내용에 대해서 감정적인 관계를 가져야 하는 것이 그들에게 기괴하게 보이거나 심지어 부조리하게 느껴진다. 지적인 이해뿐만 아니라 심미주의는 해방되었고 우월하다는 기만적이고 위장된 느낌을 갖게 할 수 있다. 그러나 이러한 해방감과 우월감은 강한 감정이 끼어들면서 무너져 버릴 위험이 있다. 지적인 이해에 감정적인 관계를 맺어야 한다는 것은 실존과 상징적 내용의 의미와 연결되어서 윤리적 행동을 위한 결속력[을 의미하기도 한다. 그런데 심미주의나 주지주의는 이러한 결속력을 피해 가는 것을 좋아한다.] [67]

놀이로서의 사이코드라마 5

5 놀이로서의 사이코드라마

사이코드라마에서는 '순수한 일어남의 단계'가 체험된다. 몸과 마음을 포함하는 전체적인 인간을 다룬다. 감정이 수용되고 놀이 안에서 형태가 부여된다. 놀이를 '**단지** 놀이에 지나지 않는다거나', **단순히** 환상이어서 '실제' 삶 밖에 있고, 현실에서 동떨어진 것으로 오해하지 않는다면, 사이코드라마는 놀이로서 이해할 수 있다. 오히려 그 반대로 놀이는 '실제적인' 삶의 일상보다 강도가 높고 외적인 현실 이상일 수 있다.

놀이의 특징은 '일상적' 삶에서 특별한 자리를 차지하며, 정해진 시간에 정해진 기간 동안 실행된다는 것이다. 이것은 삶 전체가 놀이인 것처럼 보이는 아이들의 놀이에도 적용된다. 그럼에도 불구하고 놀이는 다른 시간과 구별되며 특정한 조건하에서만 성공한다.

놀이하는 동안 세계들이 창조된다. 내적인 세계가 표현되고 만들어지며 특히 현실로 체험된다. 아이들의 놀이에서와 같이 사이코드라마에서도 그렇다.

이때 영혼의 체험이 시간과 공간 안에서 진지하게 형태를 갖추게 되고, 성장과 치유의 과정 중에 놀면서 계속 발전하는 것과 같이 "초기 사회… 세상을 치유하는 성스러운 움직임… 글자 그대로의 의미로 순수한 놀이." 이렇게 후이징가Huizinga는 그의 책 『호모루덴스Homo Ludens놀이 하는 인간』[68]에 적고 있다. 모레노는 사이코드라마의 놀이를 '자연치유 행위'라고 부른다. 놀이에서 큰일이든 작은 일이든, 집단이든 개인의 삶이든 새로이 창조되거나 다시 바로잡히게 된다. 성스러운 행위, 종교극Mysterienspiel, 투우 그리고 사이코드라마에서 이런 일이 일어난다.

후이징가는 플라톤이 놀이와 성스러운 행위를 무조건 동일시하였으며, 성화된 것을 놀이의 범주에 포함시키는 것을 주저하지 않았다고 하였다. 그는 플라톤을 다음과 같이 인용한다.

> 인간은 진지한 것을 진지하게 다루어야한다. 더 없는 복을 주는 가장 진지할 만한 가치가 있는 것은 신이다. 인간은 신이 만든 장난감이며, 이것이 인간의 가장 우수한 점이다. 그렇게 남성이건 여성이건 지금과는 반대되는 마음으로 이 방식에 따라 가장 아름다운 놀이를 하면서 삶을 살아야 한다.… 그러니까 모든 사람이 가능한 한 평화롭게 살아야 한다. 그러면 어떤 방식으로 사는 것이 옳은가? 유희적으로 살아야한다. 일정한 놀이를 하면서, 제물을 바치면서, 노래하면서, 춤을 추면서…[69]

여기서 **놀이**와 **제의**가 하나의 사건으로 통합된다. 놀이와 제의의 형식적인 특성은 사이코드라마의 기본 요소에 속한다. 그룹 안에서 특히 어려운 주제나 갈등에 감정적으로 몰입하게 되면, 예기치 않게 그리고 자주 영혼의 놀라운 심연이 열릴 수 있다. 그러면 사이코드라마가 제공하는 보호된 공간은 원칙적으로 전제조건이자 도움이 된다. 그룹의 신뢰감에 정확한 구조로 구성된 놀이와 제의적으로 실행된 행위의 단계들이 덧붙여진다. 놀이와 마찬가지로 제의는 사이코드라마에 외적인 틀과 내적인 연관성을 주고, 그 의미를 알게 하는 요소이다. 나는 우선 사이코드라마의 제의적인 요소를 다루고 나서 놀이와 공유하는 속성들을 다루고자 한다.

제의는 임의적이거나 우연성, 기대치 않은 것, 위협적인 것으로부터의 보호를 의미한다. 제의에 참여하는 모든 이들은 제의 중의 여러 가지 행위들이 참여자를 결속하는 역할을 하기 때문에 이에 적응하고, 순종하고, 존중하고, 진지하게 완수한다.

제의 그 자체는 아무런 특정한 내용을 포함하고 있지 않다. 제의는 이 책의 첫머리에 정의했듯이 상징적인 행위이며 더 커다란 맥락, 여기서는 사이코드라마라는 커다란 맥락에 도움이 된다. 제의적인 행위를 통해서 매번 새로운 우주가 생겨난다고 말할 수 있다. 왜냐하면 프로타고니스트가 혼돈, 그를 처음에는 위협했던 여러 가지 것들로부터 지금 여기서 **자신의** 세계를 만들어 내고, **자기 자신의** 시간을 발견한다면, 사이코드라마 하나하나는 일종의 새로운 창조이기 때문이다. 그의 '내적인' 장소는 여러 가지 장소의 합이나 핵심일 수 있다. 그의 '내적인' 시간은 원래의 상황, 현재 그리고 미래를 지금 안에 포함할 수 있다.

처음에 기술했던 사이코드라마에서 놀이 차원으로 이끄는 고정된 3단계는 '통과의례'로 간주될 수 있다. 밖의 세계로부터 안의 세계로, 적응된 밝은 낮인 의식의 심리적 상태로부터 다른 세계로, '의식 수준의 저하abaissement du niveau mental'로 가능해지는 내적인 측면을 창조적으로 형상화할 수 있게 되는 상상Imagination의 세계로 통과가 이루어져야한다.

이것은 또한 한 그룹으로부터 다른 그룹으로, 밖에 있는 인간들로부터 증인이자, 함께 놀이하는 사람들인 사이코드라마 그룹으로 통과하는 것이다. 이 사이코드라마 그룹은 다시 다른 '통과의례rite de passage'를 통해 프로타고니스트의 내면의 인물그룹이 될 수 있다.

모레노는 사이코드라마의 전체적인 표현력을 '우주적인 방법으로 소통하는 것' 이라고 불렀다. 그것은 "전체가… 언어를 초월하며 언어 이전의 세계가 언어적인 세계로부터 (우선) 분리된다."[70]

제의는 진지하게 행해진 행위로서 언어적인 소통이나 비언어적인 감정해소 행동보다 그 영향력이 더 깊다. 행동하는 이 뿐만 아니라 보는 이들, 몸과 마음으로 된 전체인간을 포괄한다. 제의는 영적인 체험의 시각적인 현시화이다. 파악할 수 없는 것이 시각적으로 파악할 수 있게 되고 볼 수 있게 된다.

제의Ritus는 '걸어가는 것' 을 의미한다. 걸어가는 것은 곧 길을 의미한다. 제의는 모든 참여자가 자기 자신의 길을 가게 하는 일뿐만 아니라 다른 사람이 그의 길을 가는 것을 얼마동안 같이 가는 수단이다.

사이코드라마에서는 에리히 노이만Erich Neumann이 「제의의 심리적인 의미」라는 논문에서 구분한 그룹의 제의와 개인적 제의의 요소들이 결합된다.[71] 집단의 제의는 틀이고, 개인의 제의는 사이코드라마를 형상화하는 그 자체이다. 옛 집단 제의에서처럼 그룹의 구성원 모두가 제의행위에 참여한다. 그러나 그룹에서 일어나는 것에 흡수되지 않고 감정이입과 경청함으로써 동행한다.

제의에서는 개인에게 의식화되지는 않더라도 인간에 내재되어 있지만 인간을 초월하는 자아중심적이지 않은 존재가 인간을 초월하는 원형적인 상황에 반응하기 때문에 특별한 영향력을 느낀다. 겉보기에는 세속적인 행동이나 장면도 그저 기억이나 생각 속에만 머물러 있었다면 지나쳐 버렸을 중요성과 의미를 띠게 된다.

이 체험을 위한 중요한 전제조건은 일시적으로 집단에 재통합Re-Integrierung하는 것이다. 그 이유는 오늘날에는 거의 잊혀져간 제의적인 행위를 접하게 되는 일이 그룹에서 가능하기 때문이다. 제의적인 행위에 대한 욕구는 점점 더 분명하게 드러나고 있다. 하지만 제의를 행하기 위한 특정한 능력은 이제 새로 만들어져야 한다. 이것은 겉보기에는 자명하게 항상 되풀이해서 진행되는 행위(역할맡기기, 만들기, 해체하기, 시작문구, 맺음 문구 등등)를 통해서 포괄적이고, 초개인적인 것들이 다시 주목을 받게 된다.

사이코드라마에서는 '내적인 과정을 외면화'(노이만이 제의에 관해서 말하듯이)하게 된다. "보는 사람과 그의 밖에서 일어나는 것과 보여 지는 것들은 … 심리적 전체인 하나의 부분들이다. 밖은 더 이상 밖이 아니다."[72] 이러한 방법으로 모든 행위는 신성한 것으로 체험될 수 있으며, 이 누미노제는 참여자들이 원형적인 상황과 자신을 일치시킬 준비가 되어있고, 능력이 있다면 언제든지 인간관계에서 구체화될 수 있다.

제의적인 사건에서는 모든 시간과 모든 심리적 차원들이 발생한다. 이것을 실제로 전체적으로 체험한 사람에게는 항상 어떤 영향이 미치게 되는데, 내적인 삶이나 외적인 삶의 태도가 바뀌게 된다.

노이만은 제의를 저수지 체계와 비교한다.

> [제의] 도움으로 무의식의 원초적 흐름이 인격 안으로 흘러들어가게 된다. 원형적인 세계가 범람하여 들어오는 것을 방어하는 댐과 같이 … 제의를 통해서 무의식의 그림들이 들어와서 열매 맺게 한다.[73]

이러한 의미에서 제의적인 사이코드라마 행위는 치유적인 작용을 할 수 있는데, 보호해주며, 갈피잡지 못하는 세력들에게 길을 만들어주거나 불모의 사막을 기름지게 한다.

이때 아무 역할도 맡지 않은 참여자는 전적으로 함께 연기할 수는 없지만, 내면적으로 그리고 더블을 통해 완전히 그 과정 속에 머물고, 포함되어 있어야 한다. 왜냐하면, 그렇게 해야만 외면화된 사건을 내적인 사건으로서, **그들의** 내적인 과정으로서 체험할 수 있기 때문이다. 사이코드라마의 효과 즉, '생명의 잉태'는 매번 **모든** 참여자가 아주 근본적으로, 보편적인 인간적 상황을 체험하고 변화할 수 있기 때문에 나타난다.

놀이를 특징으로 하는 사이코드라마의 속성은 다른 것 외에도 **놀이의 반복가능성, 놀이공간,** 즉 **'놀이터', 놀이의 구성, 긴장, 놀이규칙, 자발성, 자유로운 행위, 열려져 있는** 놀이의 결말이다. 그리고 놀이는 '일상적인' 삶에 속하는 것이 아니다. 놀이에는 일상의 생활과는 다른 규칙이 적용된다. 모든 놀이자는 물질적인 흥미와 의무의 영역을 넘어서, '단지 즐기기 위해서' 혹은 내면의 욕구를 따르면서 놀이하고 있다는 것을 의식하고 있다. 그러나 이것은 단지 특정한 시간에 특정한 기간 동안만 가능하다. 이러한 점들에 대한 언급은 후이징가의 놀이의 본질에 관한 고찰들에 따른 것이다. 그러나 이러한 의미의 사이코드라마는 다른 관점에서는 치유적인 **작업**이라고 간주할 수 있음에도 불구하고 놀이라고 말할 수 있다.

놀이의 **반복 가능성**은 약속된 시간이라는 외적인 틀과 드라마의 구성이라는 내적인 구조 안에서 일어난다. 모든 놀이에는 특정한 **놀이공간**이 속한다. 이것은 물질적이거나 관념적으로 이해되어질 수 있다. 사이코드라마에서의 '놀이장소'는 참여자가 자유롭게 움직일 수 있는 공간이며 그룹이 만드는 원이다. 은유적인 의미로 놀이공간은 제의적인 틀과 일치한다. '정신적'인 의미로 본 놀이공간은 프로타고니스트의 심리적 내적 공간이다.

사이코드라마의 **구성**은 워밍업, 놀이단계, 나누기의 3단계로 이루어져

있다. 다른 한편으로 영혼의 내적공간들이 장면으로 꾸며진다. 의자, 탁자, 때에 따라서 담요 등이 프로타고니스트에 의해 제의적으로 사용되며 자신 안에서 일어나는 내적인 그림을 외적으로 표현한다.

놀이에 있어서 중요한 것은 어떤 긴장이다. 즉, "불확실성, 기회… 어떤 긴장감 속에 무엇인가 성사되어야한다.… 이 긴장감 속에서 놀이자의 능력이 시험대에 오른다.… 그의 인내심, 창의성, 용기, 지구력과 정신력."[74] 사이코드라마가 시작되면서 벌써 공간 안에 긴장이 감돈다. 오늘 누가 프로타고니스트가 될까? 누가 '놀이'를 하게 될까? 그런 후 프로타고니스트의 긴장된 기대가 남는다. 잘 될까? 나의 주제에 거침없이 잘 다가갈 수 있을까? 이와 같은 질문이 그룹의 참여자들과 지도자안에서 꿈틀거린다. 내적인 그림이 올라오게 해서 다루는 일, 다른 사람에게 있는 맘에 안 들고, 끔찍하게 느껴지고, 증오하는 측면들을 들여다보고 그런 것들을 자기 자신의 것으로 인정하는 것은 용기와 심리적 힘이 필요하다. 그러면 놀이에서 체험한 것을 의식으로 끌어올려, 간직하고, 이에 대해 작업하는 힘만으로 충분한가?

제의에서와 마찬가지로 **놀이규칙**도 꼭 준수되어야 한다. 이것은 모두에게 해당된다. 그 이유는 모두가 진지하게 참여할 때만 사이코드라마가 성공할 수 있기 때문이다. 규칙에 어긋나게 행동하면 놀이를 '잃게' 된다.

이때 놀이는 '**자유로운 행위**'로 남아 있다. 명령을 받아서 하는 놀이는 놀이가 아니다. 예를 들어 프로타고니스트를 정할 때 항상 자유의지에 맡기며, 아무도 제안을 하거나 지적을 할 수 없는 것이 사이코드라마의 규칙에 속한다. 저절로 이루어져야 한다. 놀이내용이나 주제도 정해져서는 안 된다. 저절로 이루어져야 한다. 이제까지의 주제 그리고 참여자 모임에 '어울리는지' 아닌지 상관없다. 오로지 주인공의 원하는 마음에서 솟아 나와야 하며, 그래야 자발성에 의해 전개되어 나가는 자유로운 놀이가 될 수 있다.

규칙들은 소위 그릇이고, 예기치 않은 것, 때로는 충격적인 것이 놀이 중에 나오더라도 이 그릇으로 모든 내용이 담겨질 수 있게 된다.

놀이는 여기서 **'일상적인' 삶이 아니다**. 그것은 그 이상이다. 그것은 밀도 있고 일상생활의 협소함이나 공식적인 영역에서 주의해야 할 규칙에 종속되어있지 않다.

놀이 밖에서는 불가능하거나 허용되지 않은 것이 놀이에서는 가능하다. 사이코드라마에서는 예를 들어 두려움, 배려, 거리낌 때문에 말하지 않던 것들이 말해질 수 있다. 밖에서는 조롱을 받거나 벌을 받을 수도 있는 행동을 이곳에서는 해볼 수 있다.

놀이는 이러한 의미에서 정상적인, 일상적인 삶보다 적지 않게 더 많은 내용을 갖고 있다. 이것은 '단지 노는 것', '단지 놀았을 뿐' 인 것이 아니라 "아주 진지하다가, 헌신적으로, 다시 열정적으로 진행되어, '단지' 라는 표현이 때로 완전히 사라진다. … 놀이가 진지한 것으로, 진지한 것이 놀이로 변화하기도 한다."[75] 아주 강도 깊어서 '일상적인' 삶보다 더 중요할 수 있다. 후이징가는 이에 관해 아름다운 예를 보여준다. 아버지가 네 살짜리 아들이 의자를 늘어놓고 맨 앞에 앉아서 '기차놀이' 하고 있는 것을 보게 되었다. 그가 아들을 애무하자 아들은 "아빠, 기관차한테 뽀뽀해서는 안돼요. 그러면 열차들이 기관차가 진짜가 아니라고 생각하니까요"[76] 이와 마찬가지로 사이코드라마에서는 의자 하나를 놓고 그것이 어떤 사람이라고 할 수 있으며, 아무도 그 사실에 의문을 제기해서는 안 된다. 단순히 의자를 보면서도 모두에게 그 사람이 그곳에 **존재**하는 것이다.

아주 진지해지면 대부분의 사이코드라마에서는 이것이 놀이라는 것이 완전히 잊혀질 수도 있다. 그럼에도 불구하고 사건의 진행, 여기서 하는 놀이와 밖에서의 삶이 두 개의 서로 다른 것이라는 사실이 의식되어 있다. 그래서 완전히 '성스러운' 진지함으로 행해질 때에도, 위에 예로든 아이도 이미 알고 있듯이 모두 자신이 **놀이를 하고 있다**는 것을 알고 있다. 이와 마찬가지로 배우가 연기할 때도 그는 연기를 하고 있다는 것을 항상 의식하고 있다. 같은 방법으로 사이코드라마에서 모든 이는 아주 강렬한 순간에도 그는 놀이를 하고 있다는 것을 의식하고 있다. 그렇지 않으면 역할바꾸기나 더블 같은 것이 불가능할 것이다. 사이코드라마에서 창조되는 현실과 실제의 현실이 동시에 존재하고, 지금 이 순간 속에 과거와 미래가 공존하기 때문에 이 두가지 차원에서 진행된다는 것이 사이코드라마의 중요한 특성이다.

상상 속에서 세계들이 움직여서 제자리를 찾아갈 수 있는 놀이를 새롭게 발견하고 전수했기 때문에, 야브론스키Yablonsky는 모레노로부터 커다란 마술이 시작되었다고 하였다.

모레노는 놀이에서 자기치유의 원칙을 발견하고 거기에 **고대 비극의 기본 패턴**이 길잡이 역할을 하는 사이코드라마 방법을 접목시켰다.

비극은 서정적-제의적 코러스Trag-odía에서 발생하였으며 기원전 6세기까지 아주 제의적으로 이어졌다. 코러스가 관객 앞에서 대열을 지어 행진하면서 등장가登場歌parodos, 정립가停立歌stasimon, 엑소도스exodos⑭를 불렀다. 그 사이에 코러스는 지휘자가 요청할 때마다 민중을 움직이고 있는 고민, 두려움, 사건들에 대해 말을 주고받았다. 독재자 페이시스트라토스Peisistratos(560-527)시절의 아테네에서는 테스피스Thespis⑮가 코러스 옆에 한 배우, 프로타고니스트를 등장시켰다. 이 배우는 코러스와 긴장을 유지하였다. 그는 적대자였다. 그는 명확하고 합리적인 언어로 말했고 서정적-감정적 코러스의 노래로부터 자신을 두드러져 보이게 하였다. '위대한 개인'이 그룹으로부터 떨어져 나온 것이다. 코러스가 노래하는 동안 배우는 무대 뒤로 가서 옷을 갈아입으면서 계속 새로운 역할로 코러스에 대립하면서 등장하게 되면, 이 대극의 긴장도가 더 높아졌다. 이 역할이 나타내는 여러 가지 측면들은 개인의 분화를 보여준다.

사이코드라마의 모든 프로타고니스트는 이 비극의 프로타고니스트에게서 자신을 재발견한다. 그도 역시 그룹과 긴장관계에 놓이게 된다. 개인으로서 그룹에 맞서 있다. 개인으로서 그들과 맞서고, 역할자들이 역할맡기를 하면서 그의 분화가 시작된다. 그는 코러스와 함께 직면하고 싶은 자신의 여러 가지 측면들, 합창단과 다루고 싶은 자신의 주제의 여러 가지 측면을 놀이공간과 자신의 놀이로 가져온다.

그리스의 극에서와 마찬가지로 합창단, 여기서 그룹은 각 사건들에 더블을 통해서 어떤 입장을 취할 수 있다. 극의 마지막에 가서 그러나 평을 하며, 요약을 하며 의미를 찾는 '코러스의 마지막 노래'에 해당하는 나누기Sharing를한다.

아이스퀼로스Aischylos,(525~456)는 배우 한 명을 추가해서 비극을 더 발전시켰는데 여기서 그 유사점들이 더 두드러지게 나타난다. 두 배우는 이제

---

⑭ 그리스 비극의 구조

1. 프롤로고스prologos: 코러스가 오케스트라에 등장하기 이전의 부분으로서 드라마의 주제와 상황을 전개하는 기능을 한다.
2. 등장가登場歌 parodos: 코러스가 그들의 위치인 오케스트라로 등장하며 부르는 노래.
3. 삽화: 코로스의 노래 사이에 삽입된 대화 장면으로서 현존하는 비극들은 3~6개의 삽화를 가지며 이것이 세네카(Seneca)를 거쳐 근대극의 막幕으로 발전하였다.
4. 정립가停立歌stasimon: 배우와 코러스가 '한 곳에', 즉 오케스트라에 자리잡고 서서 부르는 노래로서 보통 선행 삽화에 대한 성찰이나 감정을 표현한다. 나중에 차츰 선행 삽하와 무관한 마간가로 변질되었다. 여기서 '정립'이란 코러스가 한 곳에 꼼짝 않고 서서, 즉 춤도 추지 않고 서서 노래를 불렀다는 뜻이 아니다.
5. 엑소도스exodos: 삽화를 여러 부분으로 나누는 정립가가 끝난 다음의, 즉 마지막 정립가 다음 부분을 말한다. (천병희, 『그리스비극의 이해』, 2002. p.26)

⑮ 고대 그리스비극을 창시한 BC. 6세기경의 비극시인

더 많은 역할을 할 수 있고, 극 중에서 빨리 변화할 수 있다. 그들은 동시에 등장할 수도 있고, 협력하거나 대립하면서 행동할 수 있다. 그들은 대화를 하거나 코러스에게 의견을 물을 수도 있다. 역할을 더 개인화하고 점점 더 행위의 극화가 일어났다. 코러스 지도자는 뒷전에서만 영향을 끼쳤다. 코러스는 마침내 의미를 잃고 코러스가 없는 드라마가 생기게 되었다.

사이코드라마에는 아직 코러스(그룹)가 있다. 도입과 종결부 그리고 배경에 증인으로서 틀을 이루어 원래는 전적으로 '개인적인' 드라마가 객관적인 관객 앞에서 펼쳐져서 나중에는 스스로 객관화가 가능해진다.

여기서 사이코드라마의 '단계'에 대해서 생각하게 된다. 이 단계를 통해서 결국 놀이 단계로 접어들게 되는데, 프로타고니스트를 정하고, 프로타고니스트와 지도자 둘 만의 대화를 통해 다루게 될 주제가 점점 핵심적인 것으로 좁혀지게 된다.

비극에서는 주제를 간청하는 것이 예술적으로 형상화되었다. 우선 아주 폭넓은 연설에 이어 빠르게 말을 주고 받아 분위기가 상승하면서 갈등이 확실해지고 본래의 놀이가 시작된다. 코러스의 지휘자, 혹은 지도자는 이제 뒷전으로 물러나서 활동을 한다.

논쟁이 진행되는 동안 대극을 이루는 두 팀의 서로 다른 입장들이 명확해진다. 어느 정도까지 역할 맡기기가 시작된다. 사건의 사전 배경이 드러나고 이제 드라마가 구성된다.

역할자와 코러스의 교대로 드라마가 시작된다. 프로타고니스트와 그룹이 협력하지만 사이코드라마에서는 비극적 운명을 완수하는 것이 아니라 어느 정도 그에 **저항하는** 것이다. 이제까지 그를 가두었던 얽어맴으로부터 개인이 자신을 해방시킴으로서 비극적인 운명을 극복하는 시도가 이루어진다. 그는 한 걸음 한 걸음 자기 자신에 대한 통찰을 얻으며 자신의 근본 패턴과 비극적 운명을 피할 수 있는 가능성을 얻게 된다. 이것은 이미 의미맥락에 대한 통찰과 무지無知ágnoia에서 지知gnosis로의 변환에 관한 아이스퀼로스의 비극들에서 시도되었다.

코러스는 비탄과 위로의 노래들을 한다. 그 노래들은 경고와 격려를 담고 있으며, 본보기가 되는 예들을 말해준다. "코러스의 마지막 노래에서는 행동하는 것을 이제 끝낸 코러스가 신적인 것, 인간과 그 본질, 운명, 죄와 속죄에 관한 생각들을 … 공감하면서 이야기 해준다."[77]

규칙에 따라 그룹이 참여하는 것이 미리 정해져있다 하더라도 여기서는 활기가 넘치고, 나누기가 마무리 코러스라는 것을 알 수 있다. 행동은 끝났다. 이제 자신의 예들을 설명하면서 열거하면, 그 안에 포함되어 있는 의미 주위를 맴돌게 된다. 때로는 유사한 고통 이야기를 들으면서, 고통을 나누고 위로를 받게 된다. 꼭 말을 하지는 않더라도, 영혼의 본질과 신적인 것의 영향에 대해서 숙고하게 된다.

결론적인 해석은 덧붙이지 않는다. 솨데발트Schadewaldt도 비극에 대해서는 다음과 같이 말한다. "잘된 경우에 얻는 것은 대상에 대한 여러 시각들이다. 측면들. 그래도 대상을 있는 그대로 전체적으로 완전히 파악해 낼 수는 없다. 같은 대상에 관해서 무수히 많은 서로 다르지만 동시에 옳은 측면들이 있을 수있다."[78] 사이코드라마에서도 '맞는' 인식이라기 보다는 새롭게 열리는 가능한 측면을 파악하는 것이 중요하다.

모레노는 아리스토텔레스를 따라 드라마의 주요 효과를 카타르시스Katharsis, '정화' 혹은 '정련'으로 본다. 그러나 아리스토텔레스는 관객을 말했지만 모레노는 "우리는 카타르시스의 방향을 되돌린다. 관객이 카타르시스를 느끼는 것에 만족하는 내신 우리는 주인공, 프로타고니스트의 카타르시스를 시작한다."라고 하였다. 그리고 그는 '증명할 수 있는 정련하는 효과를 일으키는 모든 영향 안'[79]에 카타르시스를 보았다.

사이코드라마를 함께 한 모든 이는 가벼워짐, 탈진감 혹은 행복감, 그리고 공감, 연민, 경악으로서 카타르시스를 체험한다.

카타르시스 라틴어로는purificatio정화는 의학적이고 제의적인 정화이다. 그것은 "기초적인 욕망감지와 결합된 해방감이며, 영혼의 생체기관에서 방해적인 요소를 제거함Purgieren으로 인한 가벼워짐이다."[80]

프로타고니스트와 모든 역할자들은 '무거운 주제', '장애', 갈등과 콤플렉스를 드러내고 '도려내어' 들여다보고 제거하거나 혹은 제거하기 위해 협력하였다. 이 일은 즐거운 마음으로, 놀이 속에서 진하게 완전한 감동과 함께 일어났다.

솨데발트schadewaldt는 비극은 아무것도 "인위적으로 생기게 해서는 안 된다."라고 하였다.

> "[비극]은 우리의 삶 안으로 일어나며 이와 함께 무엇인가 우리의 삶 안으로 실현되고 드러나도록 만드는 것이다."[81]

마찬가지로 사이코드라마도 무엇을 "인위적으로 만들어서는" 안 되고 '놀이의 성스러운 진지함' 속에서 일어나는 사건이어야 한다.

사 례 6

사 례 6

다음에 든 예들은 사이코드라마를 완전하게 재연한 것은 아니다. 여러 가지 사이코드라마 기법을 예시하고자 한 것도 아니다.

더블, 거울기법, 역할 바꾸기 혹은 사이코드라마에서의 적극적 상상, 민담, 꿈 등의 기술적인 세부사항이 가끔 언급이 된다하더라도 중심을 이루는 것은 아니다. 이 예들은 사이코드라마를 어떻게 '만들' 수 있는 지에 대한 안내문이어서는 안 된다. 이미 말했듯이 그것은 철저하게 학습해야할 막중한 책임이 따르는 작업이다.

여기에 사용된 '기술적인' 변형은 이 책에 소개된 사이코드라마의 기본패턴에 근거를 두고 있다. 지도자, 프로타고니스트, 혹은 그룹에게 떠오르는 새로운 아이디어는 근본 원칙에서 벗어나는 것이 아니면 언제든지 반영할 수 있다. 그런 것들이 바로 모레노가 요구하는 '자발성과 창조성'에 의해 나오는 '자유로운 놀이'에 속한다. 그것들은 사이코드라마의 변형이 아니라 사이코드라마가 포괄하는 많은 가능성의 확장을 의미한다.

다시 말해 나는 이 장에서 사이코드라마 기법을 보여주고자 하는 것이 아니다. 다양한 개인적인 경험들이 사이코드라마에서 어떤 식으로 다루어 질 수 있는지, 또 그 속에 원형 상들이 어떤 모습으로 나타나는지를 사례를 통해 엿볼 수 있게 하려는 것이다(예를 들어 그림자, 아니무스, 아니마, 아버지상, 어머니상, 부모상 등등). 또한 이 사례들은 내적심리의 측면을 밖에 있는 '투사를 받는 자' 안에서 어떻게 만나게 되는지를 보여준다. 그리고 이 심리적 측면에 대한 의식의 태도 여하에 따라, 혹은 사이코드라마에서 체험한 것에 대해 어떤 '반응'을 하는가에 따라 그 내적 심리 측면의 변화 양상을 보여준다.

분석심리학 전체를 여러 가지 사이코드라마의 도움으로 설명하거나 입증할 수 있다. 이것은 지도자가 분석심리학적 가정에서 출발하는 융학파 치유자라면 자명한 일이다. 그러나 다른 심층 심리학자에 의해서 지도되는 사이코드라마에서도 비슷하거나 같은 그림들이 나온다. 그 그림들에 크게 의미를 두지 않을 것이다. 그것들이 심리 사이의 과정과 인간 사이의 과정을 위한 원칙으로 여겨지지는 않을 것이다. 그렇다 하더라도 이 그림들은 집단적 무의식과 심리적 근원의 구성요소이기 때문에, 모든 인간은 이 원형적인 그림들과 체험에 참여한다. 그들은 각각의 개인적 삶과 체험범위에 따라 개인적인 뉘앙스를 보일 수 있다. 그러나 그 근본적인 패턴, 원형적 구조는 **모든** 인간의 체험의 가능성을 결정한다. (이것은 집단무의식의 개념에 근본적으로 동의한다는 전제하에 유효하다.)

여기서는 많은 원형적인 그림이나 패턴들 중에서 아주 제한된 부분만 예시될 수 밖에 없다. 예를 해석하거나 분석하지 않지만, 나는 그 안의 몇몇 중요한 측면들이 스스로 명백하게 될 것을 희망한다.

여기에 든 사례들은 모두 사이코드라마 당사자의 허락을 받은 것들이다. 그 밖의 것들은 개인에 대한 자료를 변화시켜서 이 예들 중에서 특정한 사람을 알아보는 일이 불가능하게 하였다.

페르조나

사이코드라마 그룹이 처음 만나면 소그룹에서 항상 그렇듯이 서로 소개한다. 모두들 그룹에서 누구와 함께 하게 될지 호기심과 기대에 차있으며, 자신을 소개할 때는 스스로 긴장하게 된다. 각자 **무엇을** 이야기하고 **어떻게** 자신을 나타내는지, 그 안에 소위 말하는 페르조나가 들어있다. 그것은 자신을 빛나게 하거나 그 뒤에 자신을 숨기는 가면일 수도 있고, 자신과 동일시하는 역할일 수도 있다. 자신을 보호하는 '사회적 외투'일 수도 있다. 역할을 거부하는 사람, 즉 '적응이 안된' 사람으로 자신을 소개할 수도 있다. 대안이지만 이것도 역시 하나의 역할이다. "인간은 아무런 역할도 하지 않을 수는 없다."Th. Seifert

페르조나가 사이코드라마 작업이 진행되면서 가능한 만큼 벗겨질 인격의 한 부분이라는 것을 알수록, 참여자들이 그룹에서 처음으로 만날 때 관심이 더 많아진다. 그 이면에서 무엇이 나타날까? 페르조나는 "개인의식과 사회 집단사이의 복잡한 관계시스템이다."[82] 그것은 '외부세계에 양보하는 것이다.' 페르조나는 환경의 요구에 적응하려는 욕구에 부응하지만, 새로운 방향설정에 대한 요구가 눈을 뜨면, 소진될 수 있다. 내면의 커다란 자유를 누리게 되면 페르조나의 특성인 '자아집착'이나 두려움에 차서 자기중심적이 되는 성향을 포기할 수 있다. 페르조나는 자아가 약한 경우에 외부세계에 대해서 중요한 보호막 구실을 한다.

사례 2 신학생

예를 들면, 사이코드라마 그룹에서 젊은 신학생은 자신을 소개하면서 학업을 마친 후 이제까지 항상 장례식과 관련된 도우미 역할만 한다고 말한다. 새로운 바람을 교회에 가져오려고 열정을 가지고 일을 시작했으나, 어디를 가나 그의 날개는 꺾이기만 한다. 그는 전래의 목사 역할을 변형하고 싶어서 옷과 헤어스타일에 대안을 제시하는데 바로 목사의 페르조나에 변화를 주고 싶어 하는 것이다.

사례 3 주부

45세의 여성이 이제 성장한 두 딸의 어머니라고 자신을 소개한다. 그녀는 자신이 제대로 대접받은 것이 아니라, 자주 이용당했다고 느낀다. 충분히 교육을 받지 않아서 이제 와서 뭔가 '제대로 된 일'을 시작할 수 없다. 불만과 허탈감만 남은 어머니와 주부이다.

사례 4 음악가

음악가가 가수와 결혼하였고, 아주 훌륭한 오케스트라에서 연주하지만 경력에 진전이 없다. 자신의 아내와 관계에 어려움이 있다. 그는 이제 평가절하 되고 이해받지 못한다고 느끼는 나약한 예술가이다.

사례 5 사업가

양복과 넥타이 차림의 성공한 사업가가 자신의 직장에서나 집에서 웃을 일이 없어졌다는 이유로 왔다. 그의 어딘가에서 삶을 찾고 싶었던 것이다. 그는 사업가를 밖에다 두고 오고 싶었다. 그러나 겉모습에 그대로 머물러 있다. 적응 잘한 사업가의 옷을 입고 있다.

사례 6 여학생

수줍어하는 여학생이 시험 공포증과 관계의 어려움에 대해서 말을 하지만 동시에 자신을 동정하지 못하게 하고, 혼자서 길을 찾아내려 한다. 공격적인 부끄러움쟁이, 혹은 부드러운 여장부이다.

이렇게 소개하는 사람들로 가득하다. 실망한 선생님, 막 이혼을 한 여성, 하나뿐인 여자 친구가 막 차버리려고 하는 동성애자. 쓰는 일이 자신의 직업인지 아닌지 모르겠는 작가 등등.

사이코드라마 그룹에서는 대게 자신이 갖고 있는 페르조나에 이미 물음표를 찍는다. 왜냐하면 거의 모든 사람이 물음이나, 회의를 갖고 오며, 이에 대한 해결을 원하기 때문이다. 모든 사람이 그들이 맡은 역할 뒤에, 혹은 직장에서, 집에서, 친구들 사이에서, 클럽에서 갖는 역할들 때문에, 여러 가지 다른 역할 뒤에 자신의 원래의 아이덴티티, 자신의 개성을 잃어버린 것을 느끼거나, 혹은 이런 것들을 아직 전혀 발견하지 못한 것을 느낀다. 그들은 그들이 다른 이에게 보여주는 페르조나가 자신과 타인에게 자신이 개성이 있다는 것을 믿게 하려는 단지 "정도의 차이는 있으나 우연한 혹은 자유의지에 의한 집단정신의 한 단면"[83]이기 때문이다.

자아의식은 '개인과 사회 사이의 타협'인 역할을 맡아 하려할 수 있다. 그러나 무의식, 자기self쪽에서 보상적인 반응이 올라오면서 처음에는 당혹감과 불안정감을 불러일으킬 수 있다.

그림자

소개를 마친 후 첫 사이코드라마에서 거의 예외 없이 그림자문제가 나타나는데, 이는 당연한 귀결인 것 같다. 역할에서 제외시킨 부분이 자신의 존재를 알려온다. 그것이 그림자의 측면이라는 것은 다른 이유도 있지만 우선 처음으로 직면하게 되는 인물이 자신과 동성이라는 점에서 알 수 있다.⑯

사이코드라마에서 그림자의 측면을 쉽게 알아볼 수 있는 이유를 비유적으로 표현해본다면, 뒤에서 슬그머니 다가오는 무의식적인 불편한 심기가 뒷전에 머물러 있는 것이 아니라 마주 보게 되기 때문이다. 마주하게 되면 주제로 삼기도 쉽고 들여다 볼 수도 있게 된다.

그림자주제로 처음 나타나는 것은 대부분 페르조나와 가장 밀접하게

⑯ 융은 꿈을 분석하면서 그림자가 흔히 꿈꾼 이의 동성인 인물로 나타난다고 했다. 이에 비해 뒤에 나오는 아니마, 아니무스는 이성인 인물로 나타난다.

연결되어 있다. 차후에 심리의 더 깊은 바닥까지 인도될 수 있어서 집단적, 원형적 그림자가 나타난다. 그 예로, 관계 불능으로 인해 혼자있는 것을 좋아하다가 두려움을 불러일으키는 공허함 속에 놓이게 되는 수줍고, 고독한 여학생의 경우와 같은 '원자화原子化된 개인'의 집단적인 그림자를 들 수 있다. 혹은 악의 그림자, 이것은 아주 억압되어서 원자폭탄에 대한 두려움이나 인간 내면에 있는 파괴적인 힘에 대한 두려움 같은 가위눌리는 꿈으로 나타난다. 이 그림자 측면은 사이코드라마에 나타날 수도 있다. 우선 우리는 그림자를 사이코드라마에서와 마찬가지로 삶에서도, 길거리, 사무실, 상사, 이웃, 친구, 일상에서 만나게 된다.

사례 7 신학생

예를 들어 기존의 문제를 다른 식으로 해결하고자 하는 젊은 신학생은 사이코드라마 중에 상사, 즉 나이 든 목사와의 대화에서 예기치 않게 자신이 전혀 모르는 바는 아니지만 의식이 받아들이지 않은 면을 발견한다. 목사 역할 맡기기를 하면서 아주 당연하게도 그 목사의 태도와 목소리를 흉내 내지만, 마치 자신이 이미 항상 그렇게 이야기했던 것처럼 하고 있는 것을 자신은 스스로 눈치채지 못한다. 그에게는 특유의 기발함이 있고, 그를 공격하는 모든 이에 대한 강경함과 소위 말하는 '어린아이 같은 신앙'이 있었다. 그는 사회가 제도를 통해 지탱이 되고, 그렇게 해서 예를 들면 급진적 대안이나 젊은 세력으로부터 보존, 유지된다는 사실에 흡족해하는 모습을 보였다. 프로타고니스트로서 자신의 역할에서 그가 '노골적인 질투'로 가득 찼으며, 자신도 기꺼이 지원과 보호받기를 원하고, 심지어 목사가 신도들에게 설교를 하고, 신도들은 목사의 말을 따르는 전통적인 방식의 교구를 갖고 싶다는 것을 인정하였다. 예전에는 제외시키고, '뒷전으로' 밀어두었던 모습이 이제 갑자기 그에게 신뢰감으로 다가온다.

더욱 놀라울 일은 그런 후에 프로타고니스트가 학업을 중단하고 '유기농 농장 관리자'가 된 그와 마찬가지로 '대안자'인 친구와 사이코드라마 안에서 만나 대화하면서 벌어졌다. 그가 친구 역할맡기기를 했을 때, 이 친구의 시각에서는 자연적인 삶, 자연과 다시 연결되고, 시골의 공동체에서 평화로운 삶을 사는 선택에 아주 만족한 모습이었다. 그러나 프로타고니스트는 그와 대화를 하다가 갑자기 분노가 치밀었다.

"어떻게 그렇게 간단히 해결할 수 있니, 사회의 낙오자, 전원 속에 파묻혀 나은 세상을 만들겠다는 자! 오십 세가 되어서도 배추가 맛있을 것 같아?"

그 다음 역할바꾸기를 하였다.

친구의 '몸' 속에 들어가서 그는 말하였다.

"왜 그렇게 끔찍하게 흥분하지? 너 자신도 더 나은 세상을 만드는 자이잖아. 너는 단지 다른 사람들에게 그것을 설교할 뿐이야. 그리고 너는 그것에 대해 인정을 받으려고 하고, 그 대가로 집과 높은 봉급을 원하지."

프로타고니스트는 이제 실제로 대안자였다. 그는 두 가지 가능성 중 하나를 택해야 했다. 무엇보다 그가 선택해야 하는 일은 나의 그림자인 형제를 받아들여야 하느냐 마느냐, 내게도 아주 간단한 삶을 살고, 단순해지고 특별하지 않고자 하는 마음이 속에 있다는 사실을 알고 있는가, 아니면 소위 대안자로서 계속 경직되어 가야 하는가이다. 내가 대안자**인가**? 그렇다면 어떻게 그에 맞는 표현을 찾아내지? 하는가이다.

사례 8 엘제

이제는 가사에만 만족하지 않는 상심한 가정주부이자 어머니인 엘제는 최근 남편의 사업을 돕는다. 그는 직원이 20명가량 되는 직조 공장을 운영하고 있었다. 그녀는 사무와 운송을 돕는다. 한편으로 그녀는 이 일을 제대로 배우지 않았기 때문에 - 많이 잘 알지 못하고 똑똑하지 않기 때문에 - 열등감에 시달리고 있었고, 이 점을 그룹에서 재차 강조하였다. 다른 한편으로는 사장의 부인이었고, 실용적인 일에는 소질이 있었다. 그녀는 무슨 일이든 해결해야 할 일을 발견하면 즉시 사람을 그 일에 투입하였다.

그녀가 그곳에서 일을 시작한 지 몇 주 안 되어, 그곳의 경영 전체가 그녀를 화나게 하였다. 왜냐하면 그곳은 직물 공장일뿐이었고, 무엇보다도 그녀 사무실의 두 동료를 견딜 수 없어 해고하고 싶었기 때문이었고, 이 일로 이미 남편과 싸운 적도 있었다. 그녀는 그 동료 중 더 나이가 든 사람에 대해서 점점 더 날카로워지고 거칠어지는 목소리로 그녀가 얼마나 잘난 척을 하고, 지배하려 하고, 공명심이 강한지에 대해 설명하였다. 더 어린 사람에 대해서는 좀 더 차분하게 말하기는 했으나 그녀가 자기를 옹호하지 못하고 나이 든 여성으로 하여금 뭐든지 그녀 맘대로 하게 둔다는 등등에 대해 화를 냈다.

프로타고니스트가 더 나이 많은 여성 뒤에 서서 역할맡기기를 하면서 그 여성의 입장에 서보려고 했을 때, 그녀가 이미 25년 동안 경영을 함께 돌보고 있었고, 이전에 현재 사장의 아버지의 비서였다는 말을 하였다. 그녀는 이 일에 매달려 있었고, 자신의 일로 생각하고 있었는데, 사장의 부인이 함께 일하기 시작하면서, 사사건건 간섭한 이후로 모든 일에 기분이 나빠지게 되었다는 것이다. 지도자는 물었다.

"사장의 부인에 대해서 어떻게 생각하시나요?"

아직 그 나이 많은 여성의 뒤에 선 채, 프로타고니스트는 그 여성으로서 자기 자신에 대해서 말한다.

"그녀는 사사건건 간섭하는 나쁜 마녀이다. 그녀는 이곳에서 모든 사람의 삶을 망친다. 그녀는 오직 자신만 훌륭하다고 생각한다. 자신이 스스로 사장이길 원한다."

젊은 여성은 부끄러워하며 두려워하는 것으로 역할맡기기가 이루어졌다. 그녀는 이 일을 단지 보수가 좋고 근처에 있는 자신의 가족과 함께 살 수 있어서 하고 있었다. 저녁에는 연수교육에 다니고 있었다. 그녀는 더 많이 배우고 활동하고, 사람들을 사귀고 싶어 했다. 그녀는 아직 제대로 살지 않았다. 지도자는 그녀에게도 사장 부인에 대해서 어떻게 생각하는지 물었다. 프로타고니스트는 다시 역할 속에서 자신에 대해 말했다. "그녀는 일을 어렵게 만든다. 그녀는 회사에서 소란을 피우고 불만투성이이다. 아마도 그 회사 일을 전혀 좋아하지도 않고, 자신도 어찌할 바를 모르는 것 같다. 이대로는 그녀도 행복하지 않은 것이 분명하다."

사이코드라마는 이 두 여성이 사장의 부인 엘제에 대해서 이야기하는 것으로 시작된다. 그들은 엘제가 이미 두 역할 속에서 자신에 대해 이야기 한 것 중 본질적인 것을 반복해서 말한다. 엘제는 사무실 앞에 서서 모든 것을 엿듣는다. 그런 후 그녀는 자신의 '마녀적인 측면'이 건드려졌고 자신을 부끄러워한다는 내용이 핵심인 혼자만의 대화를 한다. 그러나 더욱이 그녀는 두 여성 중의 어린 사람인 에화와 자신 사이의 비슷한 점을 발견한다. 그녀는 그녀와 가까워지길 원하고, 자신도 역시 많은 것을 배우고 싶어 하고, 무엇보다 자신안의 새로운 면을 알아가길 원한다. 그녀는 에화와 함께 그림그리기 수업에 가길 원한다. 그녀와 두 여성의 만남이 계속 이어진다.

여기서는 부정적이고 긍정적인 두 가지 그림자의 측면이 나타났다. 이 여성은 자신의 지배욕, 그녀의 열등감의 이면인 '마녀측면'에 대해 의식하고 있지 않았을 뿐만 아니라, 자신을 더 교육시키고 꽃피워 나아가길 원하는, 그리고 새로운 삶을 찾기 위해서 젊은 여성적 측면과 대면, 즉 에화와 친구가 되기를 원하는 부드럽고 똑똑한 측면도 주목하지 않았다.

그림자도 긍정적인 성질을 가지고 있을 수 있다. 이 성질이 펼쳐지지 않은 이유는 외부세계에 적응하는데 사용하지 않았거나 방해가 되었기 때문이다. 또는 의식이 그들을 신뢰하지 않고 제외시켰기 때문이다. 그림자 영역에 있는 방해하고 파괴적인 에너지와 접촉을 하는 것이 성공하면, 삶에 반영되지 않은 긍정적인 에너지를 활성화하고, 그 창조적인 측면을 체험하는 것이 이루어지고, 그러면 그림자 안에 어떤 인격의 잠재력들이 있었는지 명확해진다.

엘제는 다음 사이코드라마에서 자신이 짜 맞춘 여러 가지 마녀의 속성을 가지고 있는 인상적인 마녀를 데리고 와서 '나의 한 측면'이라고 소개하였다. 그 외에도 자신이 없어도 잘 운영되는 공장에서 함께 일하는 것을 그만두고 사회교육원에 개설되는 과목에 등록했다고 말했다.

사례 9 꿈

아주 다른 그림자 문제를 다음과 같은 사이코드라마에서 볼 수 있다. 이번에는 프로타고니스트가 놀이할 기회를 얻기 위해 투쟁해야 했다. 다른 두 참여자도 놀이하고자 했기 때문이다.

그는 꼭 프로타고니스트가 되야한다고 단단히 마음을 먹은 듯, 배려심이 많은 그의 보통 모습에 어울리지 않게 거의 잔인하고, 고통스러운 고집으로 관철하였다. (희망자가 서로 '타협'을 하여 이번 회기에 누가 프로타고니스트가 되는 것이 중요한지 밝혀내는 것이 사이코드라마의 규칙에 속한다.)

프로타고니스트는 지난밤에 꾼 꿈에 의해 긴박감이 더 강해져가는 것을 느꼈다. 수년 동안 일정한 간격을 두고 비슷한 꿈들이 그를 불안하게 하였다. 그의 목숨을 노리는 남성이 추격하는 꿈이 반복되었다. 미로 속에서 구조가 복잡한 공장 지역, 어떤 집 지붕 위에서 그는 그 남성을 만났고, 그는 그 남성을 쏴 죽이고 아슬아슬하게 살아났다. 그러나 그는 그 남성이 죽지 않았다는 것을 안다. 실제로 항상 새롭게 되풀이해서 꿈에 생명을 위협하는 추격자를 만났다.

이번에 꿈꾸는 이는 부엌에 있었다. 커피 마시러 그를 자주 잠깐 방문하던 나이 든 이웃 여성이 그의 곁에 있었다. 그녀는 노쇠하고 의지할 곳이 없었다. 계단의 복도로 가는 문은 반투명 유리였다. 그 뒤에서 그는 그 남성을 본다. 다시 그 **추격자**가 온 것이다. 그는 승강기 소리를 듣는다. 남성은 물러나 아래층으로 내려간 것처럼 꾸미고자 하였다. 그러나 꿈꾼 이는 **그**가 밖에 서있다는 것을 안다. 열쇠가 없어서 문을 잠글 수 없었다. 그는 손잡이가 움직이는 것을 본다. 문이 열린다. 추격자가 서서히 칼을 들고 들어와서 문을 잠가 버린다. 마지막 순간에 꿈꾼 이는 탁자위에 있던 식칼을 집어 들고 식은땀을 흘리면서 잠에서 깼다.

모든 그룹원들은 이제 프로타고니스트가 큰 원을 그리며 지도자와 나란히 걸으면서 이야기했던 그의 꿈을 알고 있다. 두려움이 가득한 분위기가 인상적이었는데, 그가 아주 서서히 끔찍한 사건의 현장인 부엌을 무대에 만들어 가는 내내 그 분위기를 느낄 수 있었다. 레인지, 탁자 그리고 두 개의 의자. 그러면서 그는 계속 마치 누가 그의 뒤에 있는 것처럼 두리번거렸다. 그는 친절한 나이든 이웃여자 역할자에게 아주 짧게 역할맡기기를 하였다. 그러고 나서 그는 그 역할을 빼놓고 진행할 수는 없을까 생각해 보았다. 그러나 그녀는 그 꿈속에 들어 있었고, 이제 그는 그녀에게 커피 한잔을 주면서 친절한 말을 건넨다.

그는 그룹에서 추격자 역할을 할 사람을 선택하였고, 그는 기꺼이 그 역을 맡을 준비가 되어 있었다. 그러나 그는 말하였다.

"나는 그의 역할맡기기를 할 수 없어. 그의 뒤에 갈 수가 없군. 그와 벽 사이에 설수가 없어. 내가 그의 뒤에 서는 것은 **금지되어 있다.** 그를 건드려서도 안 돼." 그리고 물러나서 멀리서 그 역할자를 바라본다.

"맙소사! 그가 여기에 있네. 그가 바로 이렇지."

그러고 나서 그는 본래의 꿈을 연기했다. '추격자'는 공간을 떠났다. 꿈꾼 이는 나이든 여자를 마주 보고 앉았다. 그녀는 커피를 마신다. 그는 아주 불안정해졌고 그녀에게 말하지 않고, 그녀가 말하는 것을 듣지도 않는다. 그는 문을 바라본다. 누구나 그가 **무엇을** 듣고 보고 무서워하는지 알았다.

"열쇠가 걸려있지 않아. 나는 문을 잠글 수 없어."

손잡이가 움직였다. 문이 열린다.

추격자가 서서히 안으로 들어온다. 꿈꾼 이는 벌떡 일어나서 반대편 벽 쪽으로 간다. 추격자는 벽을 따라 공간을 한 바퀴 돈다. 꿈꾼 이는 완전히 사로잡혀있는 것처럼 정확하게 그의 정 반대쪽에 머물다가 자신이 문에 서게 되었다. 그러나 그는 마치 최면에 걸린 듯하였다. 자신이 이제 문 밖으로 나갈 수 있다는 생각도 들지 않았다.

역할자는 추격자 역에 아주 몰두하였다. 이제 꿈꾼 이가 앉았던 의자에 마치 자기 자리인 것처럼 자발적으로 앉았다. 그는 주머니에서 칼을 꺼내 손에서 빠져나오게 하여 앞의 탁자위에 놓았다. 꿈꾼 이는 말하였다.

"맙소사. 바로 그 사람이군. 나한테 무엇을 원하는 걸까?"

지도자는 역할바꾸기를 서서히 조심스럽게 하기를 권했다.

역할바꾸기.

꿈꾼 이는 추격자의 역으로 들어가서 말하였다.

"너는 나를 절대로 벗어날 수 없다는 것을 알고 있지. 나는 항상 다시 돌아온다. 너는 내 기분을 바꾸어 놓을 수 없다. 너는 네가 나에게 무슨 짓을 했는지 알고 있다."

다시 역할바꾸기.

꿈꾼 이는 다시 자기 자리로 간다. 추격자는 완강하게 그의 자리에 버티고 앉아있다. 프로타고니스트는 침묵을 지키며,

"너는 네가 나에게 무슨 짓을 했는지 알고 있지?"라고 그가 했던 질문이 허공에 맴돌고 있는 것을 느낀다.

꿈꾼 이.

"그래 알고 있지, 그러나 그것을 말할 수 없어."

꿈꾼 이는 마법에 걸린 듯 그 남성을 쳐다보고, 계속 되풀이해서 아주 불안정하게 뒤를 돌아본다. 아무도 그에게 가까이 가서는 안 된다. 그는 공포에 휩싸여있다.

지도자: "당신은 그가 오늘은 공격하려고 하지 않는 것을 보고 있습니다.
아마 당신과 이야기를 하려고 하지 않을까요?"

추격자: "너는 내가 네게 속한 것을 알고 있다.…"

꿈꾼 이가 나이든 여성에게 "제발 지금 이 쪽을 보아주세요." 아주 떨리는 손으로 그는 그녀의 얼굴을 추격자와는 반대 방향인 문 쪽으로 향하게 하고 말하였다.

"나는 당신이 놀라는 것을 원하지 않아요."

그는 이제 두 발짝 뒤로 물러나서 공간을 서서히 한번 돌아본다. 그는 재빠르게 움지였다. 그의 목에서 고룡고룡하는 소리가 들러왔다. 그는 식칼을 들고 추격자의 배를 찔러 쓰러뜨렸다. 그는 오랫동안 그의 위에 무릎을 꿇었다.

"그래, 이런 게 옳아. 피가 흐르고 있어. 피바다야."

이제 그의 몸과 얼굴에 긴장이 풀렸다. 그리고 놀라서 나이든 여성을 쳐다보았다.

그녀는 가고 없었다.

"그녀가 이것을 보았을까 보지 않았을까? 나는 이 남성을 어떻게 해야 하지?" 그렇게 한참을 생각한다.

"그는 이곳에 누워 있어야 해, 부패해 버릴 때까지, 벌레들이 그를 모두 먹어치워 없애고, 그 위에 잔디가 자라날 때까지."

그는 세 번 시체 위로 넘어갔다. 사랑스럽기까지 한 눈길로 그를 바라보았다.

"이것이 유일한 길이었어. 그래, 이게 좋아. 이번에야말로 그를 없애버리는데 성공한 거야."

그는 아주 해방감을 느꼈다. 그리고 프로타고니스트는 서서히 무대를 해체하였다. 모든 의자들이 제자리에 놓여지고, 탁자는 구석으로 갔다. 그러고 나서 그는 살인된 살인자를 일으켜 세웠다.

"당신이 나를 위해 이 역할을 한 것에 감사드립니다."

나누기 시간에는 거의 침묵이 흘렀다. 두려움과 공포가 감돌았고 말은 적었다. 프로타고니스트는 너무 피곤하고 집중해있었기 때문에 이 사실을 알아채지 못했다. 프로타고니스트에게 그것은 '마치 해방감을 주는 소나기였다.' 그러나 그가 번개를 맞을 수도 있는 일이었다. 이 사이코드라마에서는 꿈꾸는 이의 개인적인 그림자 이상의 것이 놀이에 들어 있었다. 모두 여기서 집단적 그림자를 느꼈다. 살인자는 특별한 경우가 아니라 모든 이의 그림자측면이다. 그러나 원형적인 그림자에 대한 예감이 피어났다. 악 그 자체. 그를 위협하는 것이 사라졌다. 이것이 극복되자 공포와 전율만 남고, 신 혹은 모든 것을 조절하는 자기Self에 대한 감사가 이어졌다.

모든 참여자는 계속해서 이 꿈과 사이코드라마에서의 꿈의 결과에 대해 생각하였다. 무엇보다 분석되지 않은 측면, 도움이 필요한 나이든 여

자. 추격자의 부상, 자신을 건드린 부분, 즉 이 주제에 대해 자신과 관련된 부분. 그러나 말로 하는 해석은 사이코드라마에 없다. 그것은 이제 시작된 내적인 과정을 멈출 것이다. 원형은 체험됨으로서 영향력이 있지 그 이름을 말함으로써 영향력이 있는 것이 아니다. 만약 해석을 하게 된다면, 프로타고니스트 자신이, 그가 체험한 것을 느끼고 생각할 시간을 가진 후에 다음 세션 시작할 때에야 행해진다.

이 프로타고니스트는 다음 세션에 유령과 같이 '쏘아 죽일 수도' 없고, 만나거나 붙잡을 수도 없었던, 추격자와의 이 구체적인 만남이 얼마나 해방감을 주었는지 말해주었다. 그는 자신이 말하지는 않았던 자신의 죄를 알고 있었고, 그림자를 자신과 다를 바가 없는 인물로 만날 수 있었다. 그는 자기 자신이 되었다. 어쩌면 그림자가 통합 되었을지도 모른다.

 아니마와 아니무스

아니마와 아니무스의 측면을 드러내는 사이코드라마 예를 차례로 들어 보기로 한다. 이 예들도 무의식적인 인격 부분에 관한 것이며, 무의식 속에서 자율성을 갖고 있고, 투사되어 나타나기 때문에 그것이 통합되지 않았다는 사실을 보여준다.

아니마와 아니무스는 남성의 무의식에 있는 모든 **여성적 원칙**(아니마), 그리고 여성의 무의식 속에 있는 모든 **남성적 원칙**(아니무스)을 인격화한 개념들이다. 모든 원칙들 중 각각 하나하나의 측면만 이성에게 투사되어 체험될 뿐이다.

삶에서와 마찬가지로 사이코드라마에서도 프로타고니스트는 '자신의' 아니마가 아니라 **하나의** 아니마상 혹은 아니마상에 속하는 여러 가지 측면들을 만난다. 여러 사이코드라마가 진행되면서, 그 여러 가지 모습으로 그 상이 명확해 진다.

"모든 원형적인 현현들, 그러니까 아니무스와 아니마도 부정적이고 긍정적인, 원시적이고 분화된 측면을 갖는다."[84] 이것은 사이코드라마에서도 가시화된다.

사례 10 40세 남성

40세가량의 한 남성은 거의 20년간 결혼생활을 했지만 어떻게 자신을 부인으로부터 방어해야하는지 알지 못한다. 그녀는 그를 거의 질식시키고, 그에게서 삶의 용기를 앗아간다. 그녀는 직장과 여러 단체에서 일하면서, 그에게는 자신의 공간을 갖지 못하게 한다. 그는 그녀가 원하는 대로만 해야 한다.

첫 사이코드라마는 그의 집안 상황을 보여준다. 그룹에서 그에게 반항, 탈출, 독립을 요청하려는 여러 가지 더블이 그에게 스쳐 지나갔다. 그는 어찌할 바를 모르며 꼼짝없이 거미줄에 걸려있었다. 그에게 이것이 의식화되자 상상의 가위를 들고 거미줄을 자르며 뚫고 나왔다. 그러나 다음 사이코드라마에서 상황은 변화되었다.

거미는 거미집을 재빨리 새로 보수하며 항상 더 촘촘하게 거미집을 만들었다. 이번에 그는 이와 비슷한 방식으로 어린 시절에 절망감을 느꼈던 것을 기억해 내었다. 그의 아버지는 일찍 사망하였다. 어머니는 아이 셋을 혼자서 길러낼 수 있었던 엄하고, 유능한 여성이었다. 이제까지 그는 어머니에 대한 커다란 존경심과 고마움에 대해서만 이야기했으나 이제 말한다.

"그녀는 거미이기도 했다. 그녀는 나를 빨아내고, 나의 모든 기운을 가져갔다."

그는 이제 두 여성, 어머니와 아내를 아주 가까이 나란히 두 개의 딱딱한 의자에 앉혔다.

"둘 다 성질이 똑같아서, 전혀 구분이 안 된다."

그 자신은 그들이 자신을 보지 못하도록, 기둥 뒤로 공간 제일 바깥쪽 구석으로 가서 섰다. "나는 우선 좀 더 오래 그들을 바라보아야한다. 이 그림은 내게 아주 새롭다. 그들이 나를 너무 일찍 발견해서는 안 된다. 내가 무슨 일을 해야 할지 잘 모르겠다." 그는 자신이 아직 어머니 안에 갇힌 아들이어서, 그를 착취하는 어머니같은 여성을 아내로 맞이하고, 그녀에게 복종하며 휘하에 들어가야하는 것을 인식하였다. 그는 한참 시일이 지나서야 사이코드라마에서 긍정적인 아니마, 그에게 새로운 모험을 고무하는 동료를 만나게 되었다.

사례 11 음악가

결혼한 지 2년 되는 음악가는 어머니와 아직 강하게 결속되어 있었고, 프로타고니스트로서 자신의 아내와 갖고 있는 어려움을 대면하고자 하였다.

첫 장면에서 그는 차를 타고 집으로 가는 길에 혼잣말을 하면서 그의 아내, 미리암과 대화를 준비하고자 하였다. 그러나 그의 생각은 분산되었다. 다음날이 어머니 생신인 것과, 오늘 생일선물로 산 브로치가 생각났다.

도움자아가 "이상하군, 미리암에 대해 생각하는 대신에 어머니가 떠올랐군.…"이라고 말하자, 그는 생각에 잠겨 있다가 깨어나 말하였다.

"아, 또 분산이 되었군."

두 번째 장면에서 집문 앞에 서서 이제 미리암을 만나야한다는 생각에 가슴이 답답한 것을 느꼈다. 그는 숨을 한 번 크게 들이쉰 다음 문을 열고 들어가서, 거실에 이미 미리암이 기다리고 있는 것을 보았고, 딸의 목소리가 들린 것 같은 왼쪽의 아이들 방으로 가서 침대에 있는 딸을 안아 올려 가슴에 꼭 끌어 안았다. 저녁은 일단 "잘 넘어가서" 다행이라고 느꼈다.

도움자아: "회피하는 것인가? 미리암을 만나는 것이 두려운가?"

프로타고니스트는 아니라고 말한다.

프로타고니스트는 이전에 어머니에게서와 마찬가지로 이제까지 아내에게도 자신이 아직 전적으로 아들로 사랑받고, 아들로 비추어진 것을 보았다. 그리고 자신의 어린 딸 속에서 자신의 어린 영혼, 자신의 풍성하고 그를 기다리는 미래를 발견하고 얼싸안은 것이다. 이제 그는 나누기에서 처음으로 어느 정도 명확해진 것을 느끼고, 그가 어떤 식으로 다음 단계로의 발전을 꺼리는지를 느꼈다. 보호받는 청소년에서 장년 남성으로, 그가 미리암에게서 찾았던, 그러나 아직 그 본래 의미를 알아채지 못했던 자신과 비슷한 나이의 아니마로 걸음을 내딛는 것이 그 다음 단계이다.

"… 어머니로부터 세상과 행복을 선물로 받을 수 있다는 비밀스런 기억이 그의 추진력과 인내력을 마비시킨다.… 그는 그래야 마음이 아프더라도 자신의 생의 첫 연인인 어머니를 떠남으로써 잊을 수 있게 된다. 아마도 그에게 필요한 것은 충실하지 않은 에로스일 것이다."85)

사례 12 빅톨

48세의 빅톨은 자신의 나이보다 훨씬 많게 보이는 지리학자이며 자신의 삶의 공허함과 무의미함을 한탄한다. 그는 최근에 시골을 돌아다니며 자연의 아름다움을 다시 보게 되었다고 말한다. 이 순간 그에게 자신의 절망적인 공허감이 인식되면서 도대체 계속 살아야할 필요가 있을지에 대한 의문이 들었다. 그는 강한 자살 충동을 느꼈다.

그는 원을 그리며 걸으면서 그의 지극히 "정상적"으로 진행되는 삶과 그의 약간 차갑지만 신뢰할 수 있는, 최근에 다시 직장생활을 하는 아내에 대해서 이야기 하였다.

"내가 일을 하든 안하든, 내가 살든 그렇지 않든 원래 중요하지 않다. 모든 것이 내가 없어도 잘 굴러간다." 그리고 그는 이미 학업을 시작한지 오래인 딸에 대해 이야기하였다.

지도자의 질문에 그에게 떠오른 생각을 말하였다.

"그것은 딸이 집에서 나갈 때였어요."

그때 그는 자기 자신의 삶이 의미가 없다는 느낌이 처음으로 들었다. 프로타고니스트는 딸의 역할맡기기를 하였다.

"나의 이름은 수잔네, 22세이고 쾌활하며 눈이 검으며 아이디어가 넘치고, 순수하며 무한한 능력이 있다. 나는 승마를 하며 춤을 추고 그림도 그리고 노래를 부르며 똑똑하다. 친구도 많고 학업에 즐거움이 있다."

아내의 역할맡기기에서는 그녀의 절도 있는 태도의 이면에 피로, 실망과 용기가 없음이 숨어있었다.

작별장면이 만들어졌다. 프로타고니스트는 딸이 가방을 싸는 것을 보며, 그녀가 즐거워하는 것을 보았다. 그는 정거장으로 딸을 배웅하러 나간다.

도움자아: "수잔네가 떠나면 나는 많은 것을 잃는다."

프로타고니스트: "모든 것을… 그녀는 나의 일부분이다."

그는 기차가 정거장을 출발하려는 소리를 듣는다.

도움자아: "이제 나의 모든 것이 사라졌어."

프로타고니스트: "그래, 나는 이제 빈 껍질일 뿐이야."

그는 아내가 함께 와서 옆에 서있는 것을 전혀 알아채지 못한다. 아내 역할자는 슬퍼하며 말한다.

"당신은 나를 전혀 쳐다보지도 않았어요. 나를 보지 않아요."

프로타고니스트가 - 처음에는 아주 멀리서부터 - 그녀의 목소리를 듣자, 이제 여기서 그는 그녀가 있는 것과 그녀가 근심하고 있는 것을 알아챘다. 이미 그녀의 역할맡기기를 할 때부터, 그녀는 이 느낌이 올라왔다. 그는 당황하며 "미안하다"라고 말했다.

그는 나중에 자신의 방에 혼자 남겨져서 독백을 하며 자신의 처지에 대해 생각해보려했다. 수잔네는 그가 이전에 자신 안에 느꼈던 가능성들을 육화한 것이며, 그가 자신의 직업과 소시민적인 삶을 선택하면서 포기해야했던 것들이다. "나는 이전에 꿈꾸던 것을 전혀 살지 않았어." 그래서 자신의 소질을 물려받고, 그것들을 발달시킬 수 있었던 딸이 그에게 중요했었다.

지도자는 극 안에서 그에게 딸이 공부하고 있는 볼로냐로 딸을 방문할 것을 제안하였다. 그는 딸과 함께 외식을 하러 갔다. 딸은 부모 집에서 나와서 얼마나 자신이 행복한지, 그녀가 아직 어렸을 때 그가 그녀에게 보여준 것과 이야기해준 많은 것들을 기억하면서 얼마나 고마워하는지 말해주었다.

"처음에는 저를 다시 집으로 데리고 가려고 하는 줄 알고 놀라기는 했지만, 이곳에 깜짝 방문해 주셔서 기뻐요. 아버지가 참 자랑스러워요. 그러나 아버지는 저를 있는 그대로 보지 않아요."라고 하였다.

이 남성은 – 우리가 나중에 듣게 된 그 이전의 이야기에 의하면 – 자신이 선택한 소시민의 생활인 외적인 삶에 너무 지나치게 적응하면서 자신의 아니마를 억눌렀다. 그는 자신의 감정과 환상을 억압하고 모든 긍정적인 아니마 측면을 단지 자신의 딸에게서 발견하였다. 자신의 영혼의 반쪽이 자신으로부터 '영원히' 떨어져 나갔을 때, 자신의 딸과 함께 자신의 가장 훌륭하고, 창조적인 가능성이 사라져버린 것을 보았을 때, 삶이 무의미해보인 것은 당연한 일이 아닐까?

피드백에서 프로타고니스트는 상상 속에서 딸을 방문한 후 얼마나 기쁘고 마음이 가벼워졌는지 이야기하였다. 그러나 가장 마음에 걸리는 점은 자신이 아내를 수년 동안 제대로 보지 않았다는 것에 대한 당혹감이었다. 그녀에 대한 옛 감정이 다시 싹텄고, 이제 딸이 그에게서 떠났다는 것을 실감하였고, 이별을 하였다.

프로타고니스트의 아니마는 아직 분화되지 않아서 딸에게 갇혀 있다가 자율성을 획득하였다. '수잔네'가 그의 무엇을 포함하고 있는지를 알지 못했기 때문에, 그가 그것을 그녀에게 투사하여, 그녀에게 '보관하였기' 때문에 빅톨은 그녀의 손아귀에 들어가 있었다. 그러나 자기 자신의 혼이 그에게 의식화된다면, 즉 "그녀는 나의 일부분이다."라고 말할 수 있다면, 다리가 놓아져서 의식의 태도로부터, 이제 그에게 새로운 의미를 갖게 된 무의식적인 내용으로 들어가는 길이 된다.

어두운 배경의 두 불투명한 형상들은 (아니무스와 아니마) 거의 무궁무진

한 측면들이 있어서 여러 권의 책을 쓸 수도 있다. 그들의 복잡성과 얽혀 있음은 세상만큼 많고, 그들의 의식적인 상대개념인 페르조나의 예상할 수 없는 다양성과 마찬가지로 범위가 넓다."[86]

모든 인간은 살아가면서 가능한 한 온전한 (완전하지 않더라도!) 사람이 될 수 있기 위해 자신의 동일성에 관한 의식과 느낌을 발달시켜야 한다. 심리적인 것에서는 반대가 되는 성의 원칙들 – 개개인의 남성적이거나 여성적 특성뿐만 아니라 – 의 통합이 이에 포함된다.

남성의 온전성에는 자신의 아니마나 그에게 속하는 여성적 원칙의 통합이 포함된다. 이 원칙은 남성적 자아가 자신의 본래의 의식적인 아이덴티티를 발견할 때까지는 무의식에 머물러있다.

여성의 온전성에는 아니무스나 그녀에게 속하는 남성적 원칙의 통합이 속하며, 위와 마찬가지로 이 원칙도 그녀가 여성으로서의 아이덴티티를 발견할 때까지는 무의식에 남아있다.

우선 강한 남성적 혹은 여성적 자아가 자신의 보완적인 – 일차적으로는 무의식적인 – 반대성의 부분을 자신의 부분으로 인식하고, 수용하고, 그것에 대해 관계를 형성하고, 통합할 수 있다.

이것은 오로지 구체적인 삶의 맥락 속에서 체험될 수 있는 의식화과정이다. 삶이 밀도 있고 의식적으로 경험될수록 반대성의 영혼의 부분, 아니무스 혹은 아니마를 통한 보완 필요성이 더 분명해진다. (외적인 삶에서는 이것이 파트너와의 관계를 통해 당연한 것으로 보이지만, **내적인** 혼의 필연성으로서는 쉽게 받아들여지지 않는다.)

여성에게나 남성의 아니마에게 있어서 여성적 원칙의 특징적인 그림과 일반적인 여성적 성질은 우선 어머니의 형상 – 혹은 이에 상응하는 여성적 인격이다. 남성에게나 여성의 아니무스에게 있어서 남성적 성질의 특징적인 그림은 아버지 상 혹은 이에 상응하는 남성이나 여성의 영적 발달에 강한 영향을 미치는 인물일 수 있다.

어떻게 이 '가부장적인' 혹은 '모계중심적인' 정신이 체험되는지와 통합 여부에 따라서, 그리고 그녀 안에 남성적인 원칙 (보완적인 영혼의 부분으로서 그녀의 본질 안에 속하는) 이 표현되는대로 남성적 성질이 이미 어머니의 본질 속에서 긍정적인 방법으로든 부정적인 방법으로든 체험될 수 있다. 어머니의 상은 딸의 여성성의 발달에, 그리고 남성에게는 나중에 여러 가지 여성적 아니마 형상들과 만나게 되는 여성적 원칙과 관련하여 특징을 결정한다. 어머니의 **상**像은 딸과 아들이 주관적으로 어머니에게서 체험하는 것이며, 그들에게 총체적 어머니상으로 형성되는 것이다. 즉, 실제인물과 유사성 정도를 불문하고 실제인물은 아니다.

자신의 의식적인 여성적 아이덴티티가 확실한 여성일수록, 자신을 보완하고 온전하게 만드는 '남성적' 부분, 그녀의 아니무스-자신의 진취정신, 결단력, 창의력, 정신적 생활, 맥락에 대한 이해 등등-을 통합한 것이 더 자명한 일이 된다.

여성이 아니무스를 편견없이 수월하게 만날 수 있다면, 즉 환경이나 집단의 남성적 원칙에 부정적인 태도를 취함으로써 생기는 왜곡없이 만날 수 있다면, 아니무스는 아니마와 마찬가지로 '영혼의 안내자 Psychopompos' 로서 즉, 의식과 무의식 사이의 안내자이자 중재자로 작용한다.

그러나 아니무스는 의식의 태도에 보상적으로 나타나기 때문에, 창조적이고 활기를 주는 가이스트 측면부터 일그러진 권력추구, 남성적 성질과 부자연스러운 동일시나 거부와 같은 아주 여러 가지 특성을 보여준다. 그 뒤에는 각각 투사를 만드는 요소를 느낄 수 있는데, 아버지, 보다 정확히 말해서 이제까지 경험하거나 전달된 남성상 혹은 그 뒤에 숨어있는 원칙들이다.

아니마와 아니무스는 그림자보다 자율적이며 의식에서 멀다. 즉 자신의 인격의 일부분의 투사로 인식하거나 받아들이기가 더 힘들다. 이것은 아니마의 경우보다 아니무스의 경우 더 그렇다.

아주 많은 경우들 중에서 아니무스가 중심에 있는 사이코드라마의 몇몇 예를 들어보자.

사례 13 앙겔라

프로타고니스트는 25세의 실험실 연구원인데, '자신의 여성성'을 발견하고 싶다고 한다. 그녀는 무엇보다 남성들에 대해 보다 더 의식적으로 '옳게' 행동하려 하면 할수록, 더욱 더 그들에 의해 괴롭힘을 당하고, 이용당하고, 사실상 추행당한 것 같이 느낀다.

이제까지 앙겔라는 전혀 긍정적인 남성적 성질을 만난 적이 없다. 그녀의 아버지는 예나 지금이나 화를 잘 내는 괴짜이며, 가족들이 피하거나 무시하였다. 앙겔라는 '남성들'을 어머니의 눈으로 보거나 체험하는 일에 익숙해져있는 것을 몰랐다. 어머니와의 무의식적인 동일시에서 그녀는 굉장한 권력욕을 발달시켰다.

사이코드라마에서는 우선 앙겔라와 그녀의 '동료'들과의 만남이 반복되었다. 그녀는 커피 초대를 받았다. 그리고 결국은 이 남성을 절대로 신뢰해서는 안 된다는 것을 알았다.

그녀는 테니스시합에 갔는데 파트너를 두 번 다시 보려 하지 않았다, 왜냐하면 그가 오직 섹스의 기회만 엿보면서 그녀를 선동했기 때문이었다.

그녀는 다른 남성과 만나서 식사를 했다. 그리고 그의 나쁜 식탁 예절, 교양 없는 대화 등등에 화를 냈다. 그녀가 만나는 남성은 일반적으로 수준미달인 것이 특징이었다.

그 이후에 앙겔라에게 같은 이야기를 연기해 보여주었다.

즉 다른 참여자가 앙겔라이고 모든 것을 말과, 표정, 제스츄어를 실제와 똑같이 재연하여, **'거울같이 비추어 보여주었다.'**

앙겔라는 구경하다가, 마침내 중단시키면서 말했다.

"아니야, 좋지 않아. 그러면 안 되지!"

그녀는 그녀가 처음에는 아주 생기 있고, 곱고 부드러운 목소리로 말하다가 나중에는 항상 경직되고 부자연스러워지고 결국 다음 데이트를 거절하는 일을 즐기거나, 그렇지 않으면 자신의 우월함과 거부감을 보여주었다. 그녀는 그녀가 무의식적으로 남성이 그녀에게 기대하는대로 행동하고 있는 것을 체험하였다. 모든 새로운 '구애자'에게서 그녀는 비틀린 의도, 찌그러진 턱, 뭔가 등 뒤로 숨은 의도가 있는 것, 즉 드로셀바르트Drosselbart⑰를 보았다.

그녀는 온갖 부족함을 남성들에서 보았으며, 이 남성들에게서 경험하는 것이 자신의 남성적 부분, 그녀의 아니무스이고 이것을 투사하고 있는 것을 알아채지 못하였다. 그녀는 결국 거지와 결혼하여, 자신의 약점, 결핍, 불완전성을 깨달으며 고생을 한 후에 그 거지가 드로셀바르트 왕이고, 자신은 여왕인 것을 알게 되는 그 민담 속의 공주와 같은 길을 가야한다.

때로는 프로타고니스트 안에 그런 집단적으로 만들어진, 원형상이 결정적인 순간에 나타나면서 문제의 실마리가 풀린다. 이 어린 연구원은 자신의 아직 발달하지 않은 남성적 원칙을 그들에게 투사했기 때문에, 그녀에게는 모든 남성이 열등해 보이고 믿을 수 없었다. 그러나 그녀의 남성에 관한 부정적인 상은 그녀가 아직 헤어나지 못한 어머니의 가부장적인 아니무스에 해당하는 것이다.

그렇지만 이 사이코드라마에도 역시 에로스와 로고스가 서로 상호보완할 수 있으며, 상호보완 하여야만 한다는 것, 그리고 그런 후에야 소녀나 여성으로서 고유의 아이덴티티와 온전성의 느낌을 발견한 것이라는 예감

⑰ 지빠귀 부리모양의 턱을 가진 임금. 독일민담 지빠귀부리왕König Drosselbart의 주인공

이 존재한다. 이러한 예감을 갖고 앙겔라는 모든 남성 안에 있는 자신의 가능한 새로운 측면에 그녀의 고운 목소리로 말을 거는 것이다.

이런 맥락에서 참가자의 의식에는 그들의 문제를 반영하며, 문제의 실마리를 보여줄 수 있는 민담과 신화의 모티브가 자주 나타난다. 그래서 사이코드라마를 진행하다가 잠자는 숲속의 공주 한 부분을 연기하게 되었다. 프로타고니스트는 아주 긴 시간동안 왕자가 나타나서 그녀를 깨우게 될 시간이 무르익을 때까지 잠자며 기다렸다.

한 '미운 오리 새끼' – 강한 열등감과 그의 미숙한 행동으로 항상 거부당했던 경험을 한 프로타고니스트 – 는 마침내 한 무리의 아름다운 백조들에게 가서 그들과 마찬가지로 힘찬 날개와 잘 자란 주둥이를 가진 아름다운 백조임을 알 수 있었다.

상처입은 가죽 – 한 프로타고니스트의 두껍고, 남루한 페르조나 외투 – 아래로 한조각 왕자의 옷이 튀어나왔으며, 이후로는 마법에 걸린 인격의 핵, 즉 자신 안의 왕자를 해방시키는 것이 주제였는데, 어머니가 배후에 있는 흰눈이Schneeweißchen와 빨강장미Rosenrot⑱로 그의 아니마가 나타나서 돕는다.

그렇게도 바라던 보물, 그리던 목적을 성취하기 위한 전쟁에서는 룸펠스틸첸Rumpelstilzchen⑲과 같이 독이 있는 난장이가 길을 가로 막을 수 있다. 분노에 차서 거의 미쳐버릴 수도 있다. 그러나 역시, 이 독이 있는 난장이를 좀 더 알게 되고, 그 이름을 말할 수 있으면 그리고 그와 잘 지낼 수 있으면, 바로 그가 그에게 어린아이, 미래의 창조적인 가능성들을 선사하거나 해방시킬 수 있다. 그러면 열등한 아니무스 측면을 보살핌으로써 무의식 속의 영혼의 부분으로 통로를 발견하고 이것과의 적절한 관계를 통해 긍정적 남성성 혹은 로고스–원칙으로 도달할 수 있다.

만일 여성이 여성으로서 에로스를 체험하지 않고, 자신의 '에로스적인 소질' 을 발견할 수 없다면, 자신의 '여성적인' 충만함으로부터 끌어

---

⑱ ⑲ 독일민담

올려 나누어 줄 수 없다면, 남성성과 균형 잡히고, 생산적인 관계를 자신 안에서 발견하는 것이 힘들다. 그렇게 할 수 있지 않다면 어떻게 남성성이 여성성을 보완할 수 있을까?

사례 14 마리온

마리온은 아버지 없이 엄한 어머니 아래서 자랐다. 그녀는 교양은 있으나 차가우며, 삶으로부터 멀어진 여성이다. 그녀는 아들 하나는 겨우 받아들인 듯 하지만 딸은 사랑할 수 없었다.

마리온은 다정한 분위기가 그리워 일찍 결혼하여 아들 딸 두 아이를 낳았고, 남편은 배려심이 많은 남성이었다. 그러나 그녀는 이제 45세의 나이에 자신의 삶이 단지 외적으로만 어머니의 삶과 구분된다는 것을 깨달았다. 삶이 메마르고 냉기가 돌았으며, 아이들을 좋아하지 않았고, 남편은 보완역할을 해주지 못했다. 그녀는 남편을 삭막하고 은둔적이고 별난 사람이라고 말한다.

도움자아가 그녀의 단단한 껍질 뒤를 캐묻고, '모성적이지 않은 지성적인' 페르조나에 의문을 던지고, 상처받고 실망한 감정을 주목하도록 한다면, 그녀는 '감정에 따르는 것은 부질없는 짓'이라고 떠오르는 생각을 빨리 털어 버릴 것이다.

크고 어색한 식당에 가족들이 커다란 식탁에 둘러앉아 저녁식사 하는 장면이 연출되었다. 늘 그렇듯이 거의 성인이 된 두 아이들은 집에 오지 않았다. 부부가 거의 경직되고 편견에 사로잡혀 서로 마주 보고 앉아있다.

남편의 역할맡기기를 하면서 마리온은 남편이 젊은이들과 접촉하게 되는 직장에서만 행복하고 충만감을 느끼는 것을 감지하였다. 집은 절망적이었다. 결국 그는 아내의 상대가 되지 못했다. 마리온이 그 사이에 끼어들기 때문에 아이들과는 거의 접촉이 없었다.

이어지는 대화에서 마리온은 씁쓸하게 몇 가지 불만을 호소하였다. 그리고 역할바꾸기를 하여 점점 더 강도 있게 남편의 역할 안으로 들어가면서 자신에게 말하였다.

"나는 당신에게 아름다운 삶을 선사하려고 했어요. 나는 당신을 사랑했지만 당신을 차지할 수 없었어요. 당신이 나를 이렇게 만든 것 이예요."

그녀는 남편을 긍정적으로 보완하는 존재로 받아들이지 않았다. 그 반대로 어머니의 영향을 받은 자신의 '지적이고, 차갑고, 부자연스럽고, 거부하는 존재'로서의 아니무스를 남편에게 투사하였다. 남편은 자신이 받은 투사와 동일시하고서 그녀가 기대하거나, 스스로 만든 상대자로서 그녀에게 등장하였다.

자신에 대한 긍정적이고 부정적인 감정이 점점 더 프로타고니스트 안에서 올라왔다. 현재 살고 있는 처지, 현재 상황의 기본패턴이 갑자기 끔찍한 것으로 체험되었다.

그녀는 자신의 경직됨을 알아차림으로써 깨뜨릴 수 있었고, 감정에 빠지면서 움직임이 시작되었다. 잃어버린 세월에 대한 슬픔, 소홀히 했던 사랑, 놓쳐버린 가능성들을 느꼈다. 그녀는 희망과 가망 없음 사이에 놓여 있었다.

나누기는 프로타고니스트에게 한 번 더 감동적이었다. 왜냐하면 그녀는 많은 온기와 연민을 받게 되었으며, 그와 같은 정도로 남편도 관심을 받게 되었기 때문이다. 그녀는 이 둘을 느끼면서 말하고, 그녀 안에서 여기에 두 인간과, 두 개의 요소와 두 개의 원칙이 상호보완 하여야 한다는 느낌이 올라왔다.

무엇보다도 한 가지 분명해졌는데 융이 다음과 같이 말한 것이다.

> 자기 자신과의 관계를 형성하지 못한 사람은 다른 사람을 이해할 수 없는 것처럼, 다른 사람에 대해서 왜곡된 상을 가지고 있는 사람은 자기 자신을 인지할 수도 없고, 다른 사람과 자신을 구분할 수도 없다.[87]

다음 사이코드라마도 자기 자신과 새로운 관계를 갖는 것에 관련된 것이다.

사례 15 26세 여성

프로타고니스트는 불쾌감에 휩싸여 있었고, 이 불쾌감의 정체를 파악하고 싶었다. 그녀는 26세이며 자신이 이제까지 노력한 목표에 도달하였다. 그녀는 학업을 마쳤는데 새로운 공부를 이어서 시작하려는 계획을 세우고 있었다. 이제 막 세상에 잘 적응하고 있는 것 같은 바로 이때 어딘가 내적인 균형이 깨져버렸다. 이 상태는 최근에 한 좋은 오랜 친구와 함께 숲속에서 산책하면서 시작되었다. 그는 대화 중 예기치않게 질문을 던졌다. "말해봐. 무엇으로부터 달아나고 있는 거야?" 그녀가 '아버지와 어머니를 합친 사람'이며 '현명한 사람'이라고 소개한 이 친구, '모계적 아니무스'(남성/아니무스 이면서도 모성적인 성격이 있기 때문에 –역주)가 그녀에게 충격을 주어, 자신의 인생의 방향을 다시 설정하도록 강요하고 있는 것이다.

그녀가 피하려는 무엇인가가 있느냐는 지도자의 질문에 그녀에게 아주 오래된 어린 시절의 두려움이 떠올랐다. 그녀는 이제 포대의자, 즉 그녀의 어린 시절 침대에 쓰러져서 다시 두려움이 스며드는 것을 느낄 수 있었다. 그녀는 추락하고, 또 추락하고 모든 것이 무너져 내렸다. 아이가 두려워서 외치는 소리에 모두 놀랐다. 그러나 아무도 아이에게 오지는 않았다. 그녀는 지금도 혼자 남겨진 것이다. "나는 죽지 않기 위해서 미칠 듯이 안간힘을 써야 했어. 내가 의지할 곳이라고는 내 침대뿐이었지."

그녀는 예전의 체험을 상상하면서 독백을 하였다. 그룹은 이제 이 사건의 증인일 뿐이었다. 얼마 후 그녀는 푹신푹신한 그 자리에서 일어섰다. 그녀는 인격의 여러 측면들을 공간 안의 여러 종류의 의자 형태로 분산시키고, 서로 정리하는 것이 가능하다는 것을 깨달았다. 이제 그녀는 포대의자 (자신을 아주 작고 의지할 데 없다고 느꼈던 두려움을 상징)를 나무벤치(이전에 숲속에서 친구와 앉았던) 가까이로 밀었다. "여기가 그래도 위험이 가장 적은 곳이야. 이곳에는 아이를 혼자 둘 수 있지"라고 그녀가 말하였다.

이제 그녀는 이곳의 건너편에 의자를 놓고 그 의자에 박사학위를 앉혔다. 두려움을 극복하는 자신의 일부이다. 그녀가 자랑스러워하는 지위이다. 그녀는 한동안 의자에

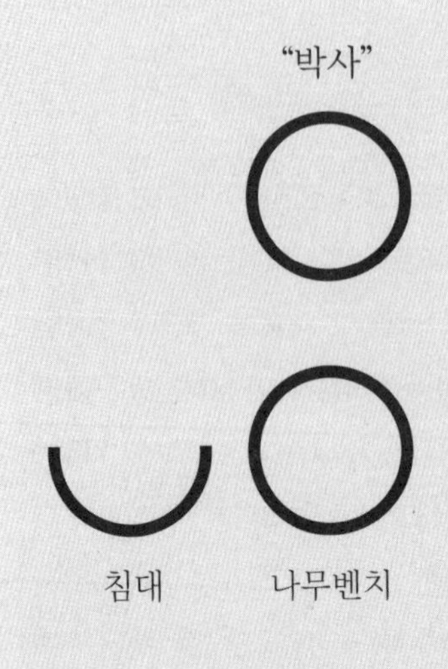

앉아, 만족해하였다.

그러나 그녀의 지독한 냉혹함이 생각났다. 이 힘으로 역경을 헤쳐 나가고, 무엇인가를 이루고, 다른 사람을 뛰어넘을 수 있었다. 그녀는 딱딱한 검은 접이의자를 꺼내서, 양극(박사와 나무벤치-역주)의 중앙에 놓았다. 잠시 머뭇거리다가 그녀는 말했다. "아니야, 이 의자는 여기에 어울리지 않아. 그렇게 중요한 것은 아니지. 이 둘 사이에 있지만 좀 더 가장자리로 밀려나야해."

그녀는 이 의자(지독한 냉혹함-역주)에 앉자 양가감정이 일었다. 그녀가 무엇인가를 이루려면 정말 이러한 성질이 필요하였다. 그러나 그 자리가 썩 맘에 들지 않았고,

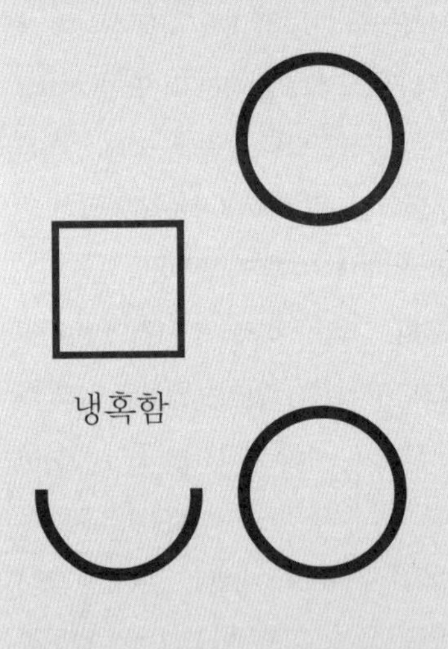

'여성성'도 결여되었다. 이곳에 앉아있으면서, '항상 바보짓을 하고, 끝없이 두려워하고, 소리 지르며 떨고 있는 어린아이'에 대한 미움이 생겨났다. "이 아이가 없다면, 나는 그렇게 모질게 굴 필요가 없고, 위로 올라가려고 나보다 앞선 사람들을 밀쳐낼 필요도 없었어."

도움자아: "그러다보니 당연히 그 아이를 충분히 돌볼 수 없었지. 내게 두려움이 아직도 남아 있을 수 있다는 것을 거의 잊고 있었던 거야."

프로타고니스트: "그래, 맞아. 이제 이 아이를 어쩌지? 지금 여기서는 생각할 수가 없어. 이 의자 – 이 딱딱한 의자 – 에서 나는 그 아이에게 화만 나니까 말이야."

그녀는 두 의자 사이 바닥에 주저 앉아 손가락으로 자신을 에워싸는 원을 그렸다. 조용히 생각해보기 위해서이다. 그녀는 각 의자 위치의 성질에 대해서 곰곰이 살펴보

았다.

나무벤치가 그녀에게 제일 중요했다. 한 번 더 사랑스런 손길로 나무벤치를 똑 바로 놓았다. 학문적인 연구 역할, '박사', 밖의 세계에 존재하는 가능성도 그냥 포기할 수는 없었다. 이것은 나무벤치 건너편에 놓여있다. 냉혹함이 항상 마음에 드는 것은 아니다. 그러나 그녀는 그렇게 하지 않았다면 이미 오래전 몰락했을 것이다. 작은 아이는 그와 반대로 그녀를 따뜻하게 한다. 그녀는 일어서서 아이를 한 번 더 주의 깊게 살펴본다. "너는 더 커야 해. 노는 것을 배워야 해. 침대 밖으로 나오렴. 이리 오렴." 그녀는 포대의자를 앞쪽으로 놓고, 작고 편안한 안락의자를 가져와서 딱딱한 접이의자 옆 가까이 놓았다. "자, 여기서 너는 어린아이 두려움에 떨지 않아도 돼. 안 좋아지면 저기 있는 이 냉혹함이 너를 도와줄 거야." 그리고 잠시 후 "게다가 저 이에게 너는 좋은 영향을 미치고 있어, 네가 그의 뒤에 숨어 그의 어깨 너머로 세상을 바라본다면, 그는 잔인하거나 공격적으로 보이지 않을 거야."라고 말했다.

이제 프로타고니스트는 다시 중앙에 앉았다. 그녀는 머리를 무릎에 파묻고 생각에 잠겼다. 그녀는 서서히 한쪽이 얼마나 텅 비어있는지 느꼈다. 그녀는 그쪽으로 향하였다. "무엇이 더 필요하지?"

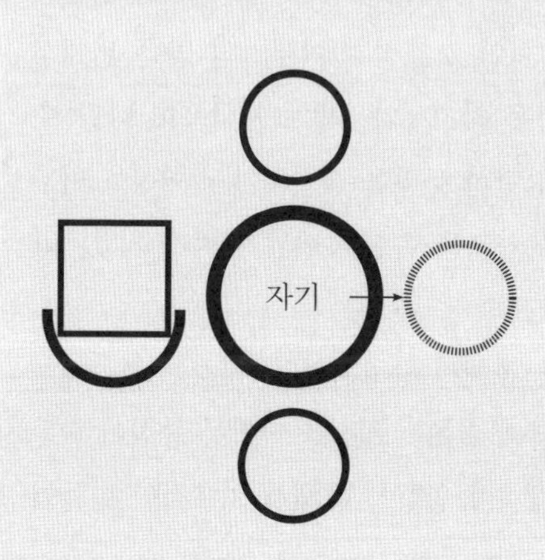

기다리다. "공부를 또 새로 시작하지 않을거야."

기다리다. "직업?"

기다리다. "그곳에서 누군가가 다가와서 나를 붙잡아 주면 좋겠어. 근데 지금은 아니야. 나는 기다려야 그것이 무엇일지 볼 수 있어." 그녀는 일어나서 의자 하나를 빈 곳에 놓고 말했다. "그것은 미래야."

그녀는 이제 긴장이 풀렸다. 두려움이나 불쾌감 없이 여기에 생겨난 기하학적인 구조를 바라보면서 감명 받았다.

이 사이코드라마에서 프로타고니스트는 지금의 불안 속에서 이전의 두려움에 직면하였고 '후행'하면서, 즉 유아기의 침대에서 억압된 두려움을 현실화하였다. 그녀는 자신의 개인무의식의 내용이 올라오는 것을 느끼고 있을 뿐만 아니라, 그 뒤에 놓여있는 원형적인 두려움도 느끼고 있다. 숲속에서 어머니인 자연과 정신의 측면을 하나로 연결하는 오랜 친구의 나무벤치에서 보호받고 있다. 그녀는 자신의 부서지기 쉬운 측면을 이 정신적 아버지 곁에 맡기고 있다. 여기에서 딸과 아버지의 근친상간적인 것뿐만 아니라 약한 여성적 자아와 아버지적인 정신측면 (그는 현자賢者였다) 혹은 긍정적 아니무스 사이의 결합Conjunctio을 엿볼 수 있다. 이러한 방식으로 강화되어 자아의 여성적 부분은 자랑스럽게 자신의 '남성적인' 업적을 바라보며, 아니무스의 가혹함, 남성적인 실행력을 인정할 수 있다. 마지막 '장면'에서 안식처인 모계적 아니무스의 맞은 편에서 가부장적 아니무스가 지적인 작업을 하고, 외부세계를 극복해 나갈 수 있다. 그녀는 자신의 부드러움과 단단한 부분을 결합하여 전체성을 이루며, 자신의 미래 그리고 그 미래가 가져올 현실을 만날 준비가 되었다고 느낀다.

결과로 나온 구조는 중앙의 원을 통해서 강조되었다. 이것은 처음에는 자아 핵, 반추하는 자아였지만 끝날 무렵에는 질서를 만드는 중심이 되는 자기원형임이 넌지시 암시되었는데, 이 원형을 통해서 치유적인 힘들이 일깨워진다. 이 점은 이 미래의 측면이 저절로 계속 발전될 것이라는 프로타고니스트의 확신에서도 알 수 있다.

이 사이코드라마에서는 감정이 실린 여러 가지 콤플렉스와의 대면을 볼 수 있다. 여러 가지 인격의 측면들이 강한 감정을 수반하며 상상되었다. 그리고 "콤플렉스는 일단 마음의 심리적 구조에 속한다."

> 학문적으로 말해서 무엇이 '감정이 강조된 콤플렉스' 일까? 그것은 생생하게 감정이 강조된 특정한 심리적인 상황의 상像이며, 게다가 습관적인 의식의 상태나 의식의 태도와 양립할 수 없는 것으로 드러난다. 이 상은 내적으로 굳게 닫혀져 있으며, 자신의 전체성을 가지고 있고 비교적 높은 정도의 자율성을 가지고 있다."[88]

사이코드라마에서 가능한 적극적 상상active imagination의 여러 가지 가능성 중 **하나의** 예가 이 사이코드라마이다.(그리고 여기서는 대부분 성공하였지만 보통은 어려움들에 부딪힌다.) 여기서 만나게 되는 힘들은 아주 현실성이 강해서, 자율적, 즉 능동적인 것으로 체험된다. 그들로부터 명료한 영향력이 발산된다. 여러 가지 인격의 부분들을 다루고, 내적 심리과정에 통찰을 얻는 것을 비슷한 방법으로 시도를 한 다른 사이코드라마에 관해서 많은 예를 들 수 있다.

한 프로타고니스트는 자신의 주변에 많은 심리적 부분들이 생겨나는 것을 보고, 그들과 대면하며, 이리저리 그룹을 만들어보다가 결국 "어떻게 이들 안에서 나를 전체로서 인식할 수 있지?"라는 질문을 하게 되었나. 이때 보누 하나의 탑으로 쌓아 올리려는 아이디어를 얻게 되었다. 적어도 8개의 의자들과 소파와 등받이 없는 의자, 접이 의자들이었다. 그리고 가장 놀랄 만한 것은 이 탑이 나중에 아주 견고하게 서있고, 다른 사람들이 걱정한 것처럼 무너져 내린 것은 하나도 없었다는 것이다. 놀이와 성스러운 진지함이 제의적인 행위에서 행해진 것이다.

아버지, 어머니, 부모

자기 자신과의 의식적, 무의식적 관계와 이에 어울리는 자신의 성에 반대되는 영혼 사이의 상호의존성이 항상 되풀이해서 드러난다. 어떤 남성적 원칙의 상대개념이 배열되는지는 여성이 자신의 '자연적인 여성성'에 대해서 갖는 관계에 따라 결정된다. 아프로디테, 페르세포네, 헤라, 세레네 혹은 헤카테에게 각각 다른 보완적인 남성적 에너지나 기능들이 짝을 이루게 된다.

오늘날 남성과 여성의 역할이해가 변화하기 시작했기 때문에, 여성은 '자연적인 여성성'과 자신의 자아-감感을 같은 기반으로 체험하는 일이 예전에 비해 더 어려워졌다. 기대에 맞추어 봉사하고, 기대하는 대로 자신을 희생하는 것이 여성성이라고 생각하기 때문에 대부분의 여성은 자신의 여성성을 받아들이기 어려워한다. 이것은 그녀에게 쉽게 상처를 주고 화나게하는 어려운 '아니무스관계'를 가져올 뿐만 아니라, 자신이 어머니라는 것을 잘 받아들이지 못하게한다.

모든 이들은 각자 어머니나 아버지의 역할을 우선 찾아내야한다. 마찬가지로 누구에게나 자신의 아버지나 어머니가 유일무이하게 강한 인상을 남기면서 체험된 것처럼 보인다. 여러 사이코드라마에서 항상 되풀이해서 분명해지는 것은 구체적인 부모 뒤에 개인이 처음에 짐작했던 것보다 더 많은 것이 있다는 점이다. 그것은 부분적으로는 부모의 실제 행동과는 무관하게 자신의 영혼이 어떻게 아버지와 어머니를 경험하는지 보여주며, 항상 개인이 자신 안에 지니고 다니는 아버지**상**과 어머니**상**을 보여준다.

> 어머니와 아버지는 개인에게 여성적 원리와 남성적 원리의 **바로** 첫 인상을 남기는 대표자이며 아버지원형과 어머니원형의 투사를 지니는 자들이 된다. 개인의 심혼의 구조성에 따라 원형적 구조의 체험 **방식**과 **동시에** 개인적인 부모를 통한 그 구체적 체험 **방식이** 결정된다.[89]

사이코드라마에서는 아버지, 어머니 혹은 부모와의 대면이 아주 개인적이고 구체적인, 집단적이고 원형적인 그 모든 차원에서 일어난다. 그리고 원래 그것들은 서로 정확하게 구분할 수 없는데, '구체적인' 아버지 속에 아버지상과 아버지원형이 함께 포함되어 있기 때문이다.

가장 중요한 특성들이 어린 시절에 규정되기 때문에, 오래전에 이해되고 통합된 것 같은 특성들도, 중요한 체험을 하게될 때, 어린 시절에 형성된 체험으로 영혼이 되돌아 간다.

> 어린 시절을 충분히 돌아보지 않고서, 어린 시절로부터 … 자유로워질 수 없다. 이 일은 단지 지성적인 앎만으로는 이루어지지 않고, 다시 체험

하는 것과 동시에 깨어나는 기억 … 되돌아가면 그곳에서 생생한 자신의 인격의 부분들을 발견할 수 있다.… 그러나 그러한 부분들은 아직 어린 아이 상태로 있기 때문에 강하고 직접적이다.[90]

이렇게 말한 사람이 모레노라고 생각할 수도 있지만 융이다.

사례 16 울리히

한 프로타고니스트는 예술사학 공부를 거의 다 마쳤지만 취직을 할 가망성이 전혀 보이지 않는다. 그가 이 전공을 택한 유일한 이유는 판사인 아버지와는 다른 일을 하고 싶어서였다. 취업전망이 밝지 않아 보이는 것만이 불안감의 원인일까? 프로타고니스트는 자신이 이제껏 안정감을 느낀 적이 없었다고 말한다. 그는 항상 위협받는 듯한 느낌 속에서 살았다. 예를 들어 두 어린 동생과 놀다 다투다가 들키게 되었을 때 항상 야단맞는 것은 그였다. 아버지는 그의 판사였다. 어머니는 거의 늘 함께 있었지만, 원래 없는 것이나 다름없었다. 그는 그녀에게 자신의 존재를 알릴 수 없었다.

그에게 예를 들어보라고 하자 끔찍한 사건이 떠올랐다. 그가 18살 때 고등학교 졸업시험을 앞두고 있을 때였다. 그들은 좀 외진 곳에 살고 있어서 차 없이는 갈 수 없는 연주회에 가기 위해 아버지 차를 빌리려고 했었다. 이 장면이 이제 반복될 것이다.

아버지의 역할맡기기가 끝났다. 아버지는 조용하고 사무적인 남성이고 냉담하며 주로 자기 자신의 일에만 관심이 있다. 아버지의 서재는 사방으로 벽이 책으로 둘러싸여있고, 떡갈나무로 된 책상과 그 책상에 어울리는 높은 등받이가 있는 의자가 있었는데 거의 왕좌와 비슷하였다.

프로타고니스트는 아버지의 방 앞에 서서 문을 두드린다. 도움자아는 그가 용기를 내어 문을 두드리기 전에 망설이는 것과 아무런 대답이 없자 위축이 되는 것을 느낀다.

'나는 그가 정말 두려워.'

그는 아버지가 방안에 있는 것을 안다. 그는 애를 써서 좀 더 크게 두드려 보았다. 마침내 세 번째로 두드린다.

"들어와!"

울리히는 그냥 문 앞에 서있는다.

"아버지, 일하시는데 방해하지 말아야하는 것은 알고 있지만, 내게 중요한 것을 좀 여쭈어 보려고 해요."

그는 작은 차를 빌려달라고 하면서, 왜 그 차가 필요한지 그 정당성을 설명하면서 횡설수설한다. 당연히 그는 차를 얻지 못했다.

그리고 이제, 역할바꾸기를 통해 그가 자신을 아버지의 눈으로 보았고 '거울기법'을 통해 다른 사람이 그의 자리에 똑같은 자세로 서서 똑같은 방식으로 아버지에게 부탁을 했을 때 울리히는 단호하게 말했다.

"**그런 아들에게** 나도 차를 빌려주지 않았을 것이다."

다음 장면에서 울리히는 **현재** 나이 26세로 돌아와 아버지에게 차를 3시간 빌려달라고 말한다. 보다 더 단호하게 시도하지만 결과는 거의 같다. 그러고서는 그는 소리쳤다.

"모든 것이 이전과 같아. 항상 그래왔어. 바로 이 기분이야. 절대로 달라지지 않을 거야."

도움자아: "나의 아버지는 나의 본래 모습을 보지 않아."

울리히: "아버지가 나를 보면 좋겠어. 나를 사랑하길 원해."

다음 장면에서 울리히는 부담이 없는 중성적인 장소에서 부모를 만난다. 그는 혹시 닫힌 문이 열릴 수 있는지 대화를 시도한다. 그가 부모를 마주하였을 때, 그들이 좀처럼 말을 걸 수 없는 벽인 것처럼 느껴진다. 역할 바꾸기를 하면서 그는 부모입장이 되었을 때, 아들이 부모에게 큰 기대를 가지고 있지만 아무런 표현도 하지 못하는 상황이 얼마나 답답한 일인지를 알아챈다. 아버지의 역할에서 프로타고니스트는 그 많은 투사를 받아야하는 것이 얼마나 불쾌한지 깨닫게 된다.

"당신은 강해요. 당신은 접근할 수 없어요. 당신은 자비롭지 못해요. 당신은... 당신

은... 당신은...."

다시 자기의 자리로 돌아와서 프로타고니스트는 그에게 일어난 생각을 말한다.

"도대체 내가 잘못하고 있는 것이 무엇이지? 내 형제들은 부모와 훨씬 수월하게 잘 지내잖아. 그들은 아직 제대로된 직업도 없고, 결혼도 안했는데, 그들은 있는 그대로 인정받고 있어."

이 순간 지도자는 처음에 이미 형제들의 역할을 맡은 두 놀이자를 프로타고니스트의 왼쪽과 오른쪽에 세웠다. 프로타고니스트는 예기치 않게 나타난 그들의 존재를 음미해보고 말하였다.

"너희가 있는 것이 좋아. 너희와 함께 아마도 이 곤란을 헤쳐나갈 수 있을 거야."

사이코드라마에서 분명하게 된 것은 프로타고니스트가 단지 자신의 아버지하고만 씨름하는 것이 아니라 보다 더 큰 힘과 씨름하고 있다는 점이다. 그는 스스로 만들어서 아버지에게 투사한 아버지와 아버지상像imago을 마주하고 있는 것이다. 이 힘의 압력 아래에서 그는 자신의 남성으로서의 아이덴티티를 전혀 찾을 수 없었다. 그가 이전에는 불만스러웠던 두 형제를 지원자로서 받아들인 것은 중요한 순간이었다. 그들은 긍정적인, 즉 생명력 있는 '복잡하지 않은' 그림자 측면을 대표한다. 그가 이 측면을 자신에게 속한 것으로 받아들일 수 있다면, 부모님을 대하는 '상황'이 본질적으로 바뀐다.

그는 자신의 그림자측면, 단지 그 안에 잠재적으로만 존재했던 가능성들인 힘, 자신감, 평정심을 아버지에게서도 체험하였다.

아버지와의 감정적인 대면을 통해서 많은 것들이 이제까지 익숙하고, 습관적이던 의식의 상태나 태도와 일치하지 않는, 즉 '양립할 수 없는' 것으로써 체험된다. 그는 콤플렉스, 자신의 부성콤플렉스와 부딪힌 것이다. 권위와 권력은 아들의 의식적 능력과 공존할 수 없기 때문에, 특히 권위와 권력(판사로서)을 지닌 자로서 아버지는 아들에게 권위콤플렉스와 권력콤플렉스를 불러일으켰다. 마찬가지로 모든 선생이나 연장자는 아버지원형이 실려지면서 권위콤플렉스를 불러일으킬 수 있다.

강한 감정을 통해서 발견된 콤플렉스에 주의를 기울이면서 살펴보다가 강한 아버지형상에 부딪히게 되는 경우나, 혹은 반대로 강력한 아버지형상을 통해서, 이 형상과 잘 지내지 못하면서 쌓여온 콤플렉스에 부딪히게 되는 경우나 결과는 마찬가지이다. 중요한 것은 원형적인 형상이나 상황을 생생하고 새롭게 체험하고, 그것을 통해 의식이 변화하도록 영향을 주는 것이다.

이제까지의 프로타고니스트들의 아버지형상의 특징이 성공과 권력이었다면 다음에 나오는 예는 실패와 무력이다.

사례 17 셉

사이코드라마를 하게 된 동기는 **분노**였다.

프로타고니스트의 분노의 원인은 아버지와의 관계였다는 것이 증명되었다. 셉은 몰락하여 가난해진 농가의 장남이었다. 그의 아버지는 알코올중독자였으며, 그가 겨우 7살이었을 때 어머니는 사망하였다. 그는 15세때 아버지와 농장을 떠났다. 그는 그 이후로 혼자 지냈고, 다시는 그곳으로 돌아가지 않았다. 이제 셉은 사이코드라마에서 지금은 무너져버린 집으로 다시 돌아가야 한다. 그사이 돌아가신 아버지와 한번 말을 해봐야한다.

그는 그을음으로 검게 된 작은 부엌으로 온다. 어머니가 사망한 후 모든 것이 파멸되었다. 사람이 사용할 수 있는 생활필수품이 하나도 없었다. 먹을 것이라곤 어쨌든 거의 없었다. 셉은 배고프면 우리로 가서 염소의 젖꼭지에서 젖을 먹었다.

"그러나 잘못을 했건 안했건, 아버지는 내키면 나를 많이 때렸다. 내가 이 끔찍한 집에서 마침내 나갈 수 있다면 기쁘겠다고 말했기 때문에, 하루는 가축의 물통 옆에서 혁대로 때렸다. 그가 어쩌다 집에 있는 날에는, 항상 그 탁자에서 식사를 했다. 술병이 앞에 놓여있었다. 그래서 항상 술 냄새가 났다. 내가 부엌으로 가면, 그는 나를 빤히 쳐다보았다. 나를 혼내려고 벼르고 있었다."

지도자 : "그가 이제 다시 탁자에 앉아있어요. 그를 볼 수 있나요?"

프로타고니스트 : "이제까지 계속 그를 보고 있었어요. 그가 입고 있는 더러운 자켓, 축축한 얼굴"

그는 두려웠다. 그럼에도 불구하고 지금 아버지가 앉아있는 빈 의자의 맞은편으로 의자를 끌어다 놓았다.

지도자 : "오늘 그는 술을 많이 마시지 않았어요. 당신 이야기를 잘 들을 수 있어요."

프로타고니스트: "제 말을 좀 들어보시려면 당연히 그래야지요. 당신이 내게 행한 모든 치욕을 말하려고 해요. 당신을 따라갔다면 나도 구렁텅이에 빠져버렸을 거예요. 그러나 나를 끌어내리지는 못했어요. 아직은 아니에요. 내 위장에 구멍을 뚫고 싶었나요? 나는 당신이 얼마나 형편없는 사람인지 보았어요. 어머니에게 고약하게 구셨지요. 어머니에 대한 양심의 가책을 받는 것을 우리 모두 알고 있어요. 저주하는 것 밖에 할 수 있는 것이 없었지요. 우리도 저주했어요. 맞아."

한동안 말을 멈추었다가…

"아버지가 저기 저렇게 앉아있는 것이 기분이 나쁘군."

조심스럽게 역할바꾸기. 프로타고니스트는 아버지의 의자에 앉았다.

도움자아는 그가 투덜거리던 말의 끝부분을 반복한다. 프로타고니스트는 아주 멀리 있는 듯 미동도 없이 앉아있었다. 그가 말을 찾기 위해서는 시간이 오래 걸릴 것 같았다. 아버지로서 그는 말하였다.

"모든 것이 끔찍했어.… 나는 네가 돌아오기 원했어.… 모든 것이 이미 끝나버렸지.…" 그리고 아버지의 관점과 기억에 따라서 불행했던 가족사가 띄엄띄엄 떠올랐다. 근심, 고통, 아픔 그리고 결국은 분노.

역할 바꾸기.

프로타고니스트는 다시 자신의 의자에 앉아서 '타자他者'를 응시한다.

"아버지, 나는 느껴요. 당신도 역시 자신의 몫을 가졌던 것이지요. 당신도 너무 힘들어 그렇게 술을 마셔댄 것이지요. 당신을 위해서 또 우리를 위해서 유감이에요. 나는 적어도 그렇게 까지 무너지지는 않았어요. 아직은 아니에요."

그는 일어나서 담요를 가져와서는 아버지의 의자 위에 펼쳐놓는다.

"이제는 좀 쉬실 수 있기 바래요."

그리고 그룹에게 "자. 이제 좋습니다."라고 말했다. 그리고 드라마를 마쳤다.

모든 것이 자주 멈추면서 아주 서서히 진행되었다. 서서히 셉은 과거를 차례대로 치웠다. 마치 아버지를 다시 한 번, 혹은 이제야 비로소 무덤에 앉히는 것 같이, 마지막으로 담요를 제자리에 가져다놓았다.

셉이 다시 그룹으로 돌아와서 원으로 둘러앉았을 때, 그에게는 다른 사람들이 이를 알게 되는 것, 사랑과 연민을 느끼는 것이 중요했다. 그는 자신의 분노를 표현하였고 (카타르시스), 자신에게 '유전된 것'을 허용하였다.

이 사이코드라마는 적극적 상상과 투사를 거두어들여서 의식으로 통합하는 것의 예를 모두 보여주고 있다. 단지 소개된 인간이나 인격의 측면이 빈 의자 위에 보여진 후, 얼마나 빨리 살아나고, 동시에 자발적으로 말을 하거나 행동하는지는 놀라운 일이다. 이때 프로타고니스트는 이전에는 의식되지 않았던 것들, 그를 당혹시키거나 충격을 주었던 것들, 그러나 나중에는 아주 정확하게 기억하고 의식에 간직할 수 있는 것들을 말하거나 듣는다. 혹은 그는 알거나 기억할 수 있지만 (여기서는 가족사) 기억하지 않으려고 했던, 즉 억압했던 것들을 말한다.

이전의 갈등적이거나, 압도적인 상황을 한 번 더 체험하는 것은 그것으로 인해 발생한 피해나 콤플렉스를 의식화하게 함으로써 해방되게 하는데 도움이 된다. 그러나 이 체험은 진솔해야하고 자발적이어야 한다. 이것이 다른 식으로 진행될 수 있다는 것은 다음 젊은 여성의 사이코드라마를 잠깐 돌아보면 알 수 있다.

사례 18 젊은 여성

그녀는 어머니와 큰 긴장감이 있었다. 그녀는 어머니로부터 압박되었고 아이 취급받는 것 같이 느끼고 사이코드라마에서 그녀의 현재 상황을 설명할 수 있는 대화를 어머니와 하려고 한다. 대화는 활기차게 진행되고, 역할 바꾸기와 더블이 많이 되면서, 여러 가지 견해차이, 요구들, 거부들이 명백해지고 마침내 두 여성이 가까워지는 것처럼 보이면서 친화적으로 종결한다. 장면을 정리하면서 프로타고니스트는 이미 모든 것을 가볍게 치웠다. 단지 어머니의 의자만 그대로 놓여있었다. 그녀는 굳어버린 듯 잠깐 서 있다가 예기치 않은 분노가 올라와 갑자기 의자를 발로 차버렸다. 의자가 옆으로 날아가 버리자 모두 놀랐다. 그러고 나서 그녀는 의자를 다시 가져다 놓고 말했다.

"**이제** 가셔도 좋습니다."

여기서 보이는 것은 그 이전의 행위들로는 미흡한 점이 있으며, 프로타고니스트의 무의식 측면과 아직 일치하지 않았던 것을 보여준다. 두 여성의 의식적인 노력에 의해 그 장면이 좋은 의도로 끝날 수 있었다. 그러나 어머니의 무의식적 권력욕과 딸의 무의식적 증오는 이로서 해결될 수 없었다. 그림자에 속하는 분노는 아직 형체를 부여받아야한다. 마지막 순간에서야 그림자가 자발적으로 드러났고 지적인 수준에서는 화해를 원했으나, 감정적인 영역에서는 아직 가능하지 않았었다.

어떤 아버지**상**이나 어머니**상**을 지니게 되느냐는 다른 원인 이외에도 아동이 어머니와 아버지 중 누구와 무의식의 차원에서 더 잘 소통할 수 있는지, 그리고 그 아버지 혹은 어머니가 자기 자신의 여성적 혹은 남성적 아이덴티티에 문제가 없었는지 여부가 결정적인 작용을 한다. 어머니와 동일시한 딸은 아버지에게 – 나중에는 남성에게 – 일차적으로 어머니가 남성을 그에게 비추어주는 대로 체험할 것이다. 아버지에게 끌리는 딸은 어머니를 - 그리고 나중에 자신의 여성으로서의 가능성들을 - 일차적으로 아버지의 무의식의 태도에서 느끼는 식으로 체험할 것이다. 이와 같은 것이 아들의 경우에도 마찬가지이다.

무의식적으로 어머니가 남성에 대해서 취하던 태도, 요구, 거절을 답습하던 여성 연구원의 사례와는 반대로, 다음 사이코드라마의 여성 프로타고니스트는 일차적으로 아버지에 대해 긍정적인 관계가 형성되어 있다. 그녀 삶의 가장 아름다운 시절인 초기 아동기에 아버지는 그녀에게 가장 중요한 인물이었다. 그녀는 '긍정적인 부성콤플렉스'를 가지고 있다.

사례 19 여성 - 50대 여성

사이코드라마를 하게 된 동기는 그녀의 부모에 대한 관계에서 기인하는 강한 열등감이었다. 그녀의 어머니도 그랬다고 한다. 그녀는 어머니가 신뢰할 수 있고, 헌신적이며, 충실하였으나, 버림받고, 거부당하고, 세상을 등진 여성이라고 말했다. 이와 반대로 아버지는 성공하지는 못했지만, 아이디어가 넘치고, 삶을 즐기며, 적극적으로 일을 벌이는 것을 좋아하는 남성이라고 하였다. 그는 따뜻하고, 힘이 있고, 아름다운 분위기의 소유자이며 안정감을 주었다고 했다.

그녀는 초기 아동기 때 꾼 꿈을 기억하고 연기하였다. 그녀는 침대에 다시 누워있는데, 끔찍한 마녀가 방으로 들어와서 놀라는 꿈을 꾸었다. 그녀는 두려워서 거의 소리칠 수도 없었다. 마녀가 다가오면서 점점 커졌다. 마침내 아버지가 그녀가 부르는 소리를 듣고 도와주러 왔다. (어머니가 아니라!) 그는 그녀를 안고 말했다.

"마녀는 없단다."

실제로 나쁜 마녀는 그를 꺼려했다. 마녀는 사라졌다.

그런 직후 다음 장면은 처음으로 학교 가는 날이었다. 아버지는 아내와 딸을 버렸다. 어머니 혼자서 울면서, 버림받은 여자라서 이웃들에게 부끄러움을 느끼면서 그녀를 학교에 데리고 갔다.

(프로타고니스트가 이제 어머니의 열등감을 묘사하면서 그녀는 처음에 자신의 열등감을 설명할 때와 같은 표현을 쓰고 있는 것에 주의를 기울이게 되었다.)

그녀가 사이코드라마에서 한 번 더 아버지와 어머니를 마주하게 되었을 때 그녀는 오직 남성에게서만 모든 아름다움과 가치를 경험했다. 어머니상은 잿빛으로 남아있었다. 아버지와 동일시를 해서 어머니와 자신을 – 모든 객관적인 좋은 성질들에도 불구하고 – 가치 없는 것으로 경험했다. 여성성이 삶을 주는 것, 고무시키는 것, 매력적인 것, 영혼이 풍부한 것일 수가 없었다. 그것은 처음에 묘사했던 감정들이었는데 그녀는 얼마나 일찍 그것들이 자신 안에 생겨났었는지 짐작하지 못했다.

피드백에서 그녀는 말했다

"아버지를 한 번 더 보아서 좋았다. 그러나 이제 정말 '성인'이 되어야하고, 엄마의 지배에서 벗어나야할 때이다.… 나는 이제 여성으로 자신을 찾아야하고 나의 엄마의 삶을 살지 말아야한다."

프로타고니스트는 50세가 넘었었다.

나중에 다시 어린 시절을 회상하게 되면… 그곳에 아직 살아 움직여서, 자신을 감싸면서 연결시키고 이전에 가졌던 감정이 쏟아져 들어오게 만드는 자신의 인격의 한 부분을 만날 수 있다. 그러나 이 부분은 아직 어린 아이의 상태이고 그래서 강렬하고 직접적이다. 이것이 성인의 의식과 다시 결합되어야만 ㄱ 유아적인 측면을 잃어버리고 수정될 수 있다."91)

사례 20 여성 - 신적인 부모상

이 사례에서는 마지막 장면만을 소개하기로 한다.

여기서도 프로타고니스트는 가끔 예기치 않게 아주 강한 자기회의에 사로잡혔다. 마치 '자신을 받쳐주는 땅이 사라져 버리는 것' 같았다. 그녀는 행복한 삶을 누리고 있었기 때문에 더욱더 이해할 수가 없었다. 오직 어린 시절에 힘든 시간이 있었던 것을 기억했다. 그녀는 원하여 낳은 아이가 아니였고, '거친 아이'로 자랐으며 결혼할 때까지도 '웃음거리가 되곤 하는 사람'이었다. 가장 끔찍한 일은 초기 아동기에 커다란 두려움이었다. 그녀는 숨어서 몇 시간 동안이나 어둠속에 앉아 있었고, **부모**가 자신을 찾아낼까봐 두려웠다.

부모의 역할맡기기 할 때 커다란 안락의자 두 개를 택해서 아버지와 어머니를 앉혔다. 그런 후 이 의자를 다시 탁자위에 올려놓고 담요를 주위에 걸쳐 놓았다. 그들은 그렇게 높고 커야했다. 그들 뒤에만 빛이 있고, 주위는 어두웠다. 그렇게 이집트 왕과 왕비처럼 그 위에 앉아있었다. 그녀 자신은 그와 거리를 두고 바닥위에 웅크리고 앉아서 아주 초라하였다.

"바로 이랬어. 이것이 두려움이었어."

그녀는 굳어져서 그 위를 올려다보았다. 긴 시간, 오래 침묵하면서.

나중에 그녀는 약간 기지개를 펴기 시작하였다. 그녀는 그들의 세세한 특징을 알아보기 시작했다. 그곳에 왕좌를 바라보면서 다가갈 수 없음에 회심의 미소를 지어야했다. 이 상황이 우스꽝스러웠다. 그녀는 일어났다. 그들의 의자가 바닥에 있는 것이 더 나을 것이며, 그것이 '더 정상적'이라고 말하였다. 그녀는 그들을 마주보고 서서 가까이 다가가서 이제는 자신이 더 크다는 것을 알았고, 그들을 내려다보면서 말했다.

이제 그녀는 '진짜' 부모, 그들의 '실제' 모습을 기술한다. 그녀가 집에서 나온 후 그들과 잘 지낸다. "그러나 이런 상황이 아직 존재한다는 것" – 그녀는 왕좌를 가리키며 – "혹은 존재했다는 것을 내가 아직 알지는 못했었다."

원형들이 신화로서 민족의 역사 속에 나타나듯이, [원형들이] 개인 안에서 발견될 수 있으며, 의식이 가장 협소하고 약할 때, 그래서 환상이 외적 현실의 내용을 뒤덮어 버릴 수 있을 때… 가장 강력하게 작용한다. 이러한 조건은 인생 초기에 아이한테 의심할 바 없이 주어졌다. 그래서 신의 쌍이라는 원형적 형식이 실재하는 부모상에 씌워져서 동화하다가, 마침내 깨어나는 의식과 함께 부모의 실제모습 – 드물지 않게 아이의 실망을 수반하면서 – 을 지각하게 된다."92)

여기서 자신이 태어난 모습 그대로는 전혀 삶이 허락되지 않는다고 느꼈기 때문에 아이의 자아가 약할 수 밖에 없었다. 그래서 두려워하며 자신을 감추는 것을 좋아했고, 아주 깊은 어둠 속으로 숨었다.

구체적인 남성이 나타나서 그녀안의 소녀를 발견하고 부부가 되었을 때 프로타고니스트는 두려움에서 해방되었다. 그러나 남성성과 여성성을 자신 안에서 합일하기 위해서 위협적이고 신적인 부모를 왕좌에서 내려오게 해야했다.

이제까지 언급한 주제들에 대해서 변형되고 연장된 많은 사이코드라마 사례를 더 들 수 있다. 그러나 모든 사례는 어쩔 수 없이 아주 커다란 맥락의 한 단면일 수밖에 없다. 추려내는 순간 단순화되며, 하나의 주제만을 직선상으로 움직이도록 축소시킨다. 그렇게 되면 많은 주제가 동시에 서로 얽혀있는 원형적인 배경의 여러 층들, 시간과 과정의 요소들이 빠져버린다. 나의 사례들은 말하자면 순간포착 사진으로, 순간의 놀라움이나 본질을 포착한 것이다.

자기와 만남으로서의 사이코드라마 7

자기와 만남으로서의 사이코드라마 7

특정한 관점에서 선택한 예들은 어떻게 여러 가지 문제들이 사이코드라마를 통해 다루어질 수 있는지를 보여준다. 사이코드라마에서 놀이로 다루어질 수 없는 주제는 실제로 아무것도 없다.

사례들을 돌아보면 알 수 있는 점은, 모레노와 융에게 오로지 실제 갈등이나 증상들을 다루거나 다른 말로 표현해보는 것만이 중요했던 것은 아니다. 이러한 과제가 그들에게 중요한 만큼 그들은 치료의 목적을 더 넓은 맥락에서 보았다.

모레노는 인간을 '사회적인 존재'나 '단지 하나의 개인'으로만 본 것이 아니라 '우주적인 존재'로 보았고 우주와의 활발한 관계를 다시 만들고자 하였다. 인간에게 필수적인 세 가지 요소인 시간, 공간과 인과성에 그는 우주의 '제 4차원'으로서 **세계질서**를 덧붙였다.

융도 마찬가지로 "시간, 공간과 인과성이 있는 우리 세계는 그 이면, 그 아래에 다른 질서와 맞닿아있고, 거기에서는 '여기와 저기'나 '이전과 이후'가 본질적인 것이 아니다. …"[93] 이 차원을 융은 집단적 무의식이라고 했고, 그 중심은 자기Selbst라고 부르고, 자기는 중심이 되는 원형으로서, 그것으로 인해 모든 구조가 잡히는 **질서**의 원형이라고 하였다. 자기를 체험하게 되는 상像들은 신상神像들과 구별되지 않는다.

개성화 혹은 자기발견 과정의 목적은 융에 의하면 의식이 무의식을 성찰하는 것으로 이루어져있다. 자아는 우선 자신을 발전시켜야 하고, 동시에 자율적이지 않으며, 자기에 의존되어있고 어느 정도까지 지탱된다는 것을 인정해야한다. 이러한 의미에서 개성화의 길은 자아로부터 자기로 가는 길이라고 말할 수 있다.

모레노 뿐만 아니라 융도 인간은 하나의 커다란 질서관계 속에 있다고 보았고, 모든 갈등을 없애야 하는 나쁜 것으로만 보지는 않았으며, 이룰 수 있는 전체성으로 발전하기 위한 필수불가결한 것을 가리키는 것으로 보았는데, 이것만이 치유를 의미하기 때문이다.

이러한 전체가 되는 것은 자기와의 만남을 통해 이루어진다. 자기와의 만남은 내적인 영혼 속에서 – 혹은 구체적으로는 주변 인간들과의 만남에서 이루어진다. 융에 의하면 이웃은 자기가 감추어져서 나타난 것일 수 있고, 모레노에 의하면, "신이 인간으로 나타난 것"일 수 있기 때문이다. 모레노는 "**신상**神像은 모든 인간의 형태로 나타날 수 있다고 했다. 간질병 환자, 조현병 환자, 매춘부, 가난한 자, 압박받은 자로 육화되어 나타날 수 있다."[94]고 하였다.

전체가 되는 목표에 도달할 수 있는 길은 전체적으로, 즉 몸과 마음이 함께 가야한다. 이때 모든 네 가지 심리기능이 사용되어야 한다. 사고(나는 …이라는 것을 안다) 혹은 감정(나는 …게 되는 것이 싫다) 혹은 직관(나는 …한 느낌이 있다.) 혹은 감각(나의 관찰은 …하다는 것을 보여준다) 중 한가지로만은 안 된다. 마찬가지로 내적 심리적인 것을 나 자신 밖의 사물들에서 체험하는, 외적인 태도뿐만 아니라, 밖의 입장으로부터 안의 입장으로 가는 다리를 놓고, 밖의 체험을 내적 심리적 체험의 그림으로 인식하는 내향적인 태도도 필요하다. 주의력이 내적 세계와 외적 세계로 번갈아 가면서 기울여진다. 마음과 마음사이 혹은 외적 현실에서 진행되는 일들로 주의력이 움직이는 것이다.

그런 종류의 전체적인 체험은 흔히 특정한 조건 혹은 특정한 상황에서만 가능한데, 예를 들면 사이코드라마가 그러한 체험을 가능하게 한다. 그렇게 되면 일반적으로 개인에게 허용된 것보다 큰 깊이나 넓이까지 가게 된다. 의식성이 보다 자율적이 되도록 하기 위해 무의식을 고치거나, 없애버리는 것이 아니라, 무의식과 의식 사이에 가능한 한 생동적이고, 현실적인 의식과 무의식 사이의 관계, 그리고 의식의 자아와, 자신의 존재를 알려오는 무의식 부분들 사이의 상호 작용이 중요하다.

사이코드라마에서는 의식과 무의식의 실제적인 대면이 가능하다. 융은 이 기능을 초월적transzendent이라고 이름지었다. 의식이 만든 한계가 사이코드라마의 행동 속에서 계속 초월되어서trans-zendiert 의식과 무의식사이를 넘나들거나 교류가 가능하다.

의식과 무의식이 서로 필요하고 의존하는 두 세력이라면, 초월적 기능은 하나의 변화를 통해 동시에 다른 하나의 변화를 꾀하는 활동 혹은 연습이다. 이것은 이론적으로가 아니라, 의식이 무의식과 실제로 대면하는 것만을 중요시한다.

이것은 예를 들면 투사를 인식하는 것을 통해서 일어날 수 있고, 아주 일반적으로는 이제까지는 '사소한' 것으로 보여지는 현실의 상징적인 형상에 대한 의식적인 태도를 민감하게 하는 것을 통해 일어날 수 있다. 주변에 존재하는 상징 언어에 대한 주의력이 일깨워 질 수 있다.

무의식의 가장 순수한 형체인 꿈들은 의식적 삶에 통합될 수 있는데,

모든 의미와 의식의 참여로 꿈들이 체험되고, 경우에 따라서는 계속 꿈을 꾸게 되어 자발적 행동으로 수행함으로써 통합된다. 그리하여 의식의 태도로 들어오려는 보완적 혹은 보상적인 '메시지'가 진지하게 받아들여진다.

자발적인 환상이나 '적극적 상상'은 사이코드라마에서 아주 넓은 공간을 차지한다. 격정적인 긴장들, 분노, 슬픔, 두려움 등등은 흔히 시작점이 되는 모티브이어서, 이것이 행동으로 옮겨진다. 이전에는 묶여있던 에너지가 과정에 포함이 되면서, 그림이나 행동으로 형상화한 후, 들여다보고, 생각해보아서 의식에 연결되고 소화될 수 있다.

(예를 들면 셉의 사이코드라마 사례가 이에 해당하는데, 분노가 시작 모티브였고, 분노를 통해 죽은 아버지의 상이 일어났고 그 후 적극적 상상이 진행되었다.)

사이코드라마의 모든 행위는 원래 적극적 상상이다. 보기에는 구체적인 장소 혹은 영혼의 풍경에 만들어지든, 구체적인 사건이든, 잘못 추정되었건, 환상을 한 결과이건 간에 그것을 적극적 상상이라고 말할 수 있다.

사이코드라마는 모든 심리적인 주제로 들어가는 가장 구체적이거나 가장 현실적인 문으로서 가장 비현실적인 것도 허용할 수 있으며 포함할 수 있다.

아주 **현실적**인 가정에 속하는 요소들은, 정해져 있고, 제한되어있는 **시간**, 여기에서 보호되어 있는 **공간**, 예를 들면 그룹의 존재로 규정되는 **현실**이다. 현실의 탄탄한 바탕에 속하는 것은, 짜임새 있는 구성과 제의적으로 지켜지는 규칙을 통해 행위가 완수되는 확고한 틀을 제공하는 사이코드라마 방법이다.

사이코드라마에서는 삶의 모든 영역에서와 같이 **시간**의 척도가 지배한다. (예를 들면 함께 모이는 시간, 드라마의 길이). 그 외에도 시간은 과거, 현재, 미래로서 하나의 역할을 한다. 왜냐하면 지금 현재에는 아직도 과거에서 온 많은 것들의 여파가 남아있기 때문이다. 그러니까 시선은 뒤를 돌아보아야 하지만, 단지 그 이후에 더 확고하게 미래로 향하기 위해서이다. 그 사이에 지금, 모레노가 말한 "그 모든 역동 속에 현재"가 놓여있다. 현재, 지금 그리고 여기의 역동이 그 본질적인 것이다. 미래를 위해서 의미가 있는 것들, 과거의 경험을 포함하고 있는 것이 지금 일어난다. 사이코드라마에서는 미래를 시험 삼아 살아보면서 선취하는 것이 아니라, 미래에 위협을 받거나 미혹되어 지금 이 순간을 놓치지 않기 위해서만 지금 미래를 '연습'하는 것이다. 사이코드라마에서는 이러한 방식으로 시간들이 서로 포개지고 지금, 이 순간 안에서 결합한다.

사례 21 여성-어머니

한 여성의 사이코드라마를 간략하게 그 예로 들자면 그녀는 이제 막 위험한 병에서 회복되었지만 미래의 가능성을 다시 생각하기 어려웠다. 병석에 있을 때 오래전에 죽은 그녀의 어머니가 나타나서 그녀를 데려가려는 듯 했고, 그녀는 이 형상을 흘려보낼 수가 없었다. 병석에 있을 때 그녀의 오래전에 죽은 어머니가 나타나서 그녀를 데려가려는 듯했고, 그녀는 이 형상을 흘려보낼 수가 없었다.

사이코드라마에서야 처음으로 '하늘에 있는' 죽은 어머니를 찾아가는 일이 이루어졌다. 어머니를 만나는 것은 힘들었으나, 아주 간단하고 짧은 대화를 한 후, 어머니와 완전히 선을 긋고 헤어질 수 있었다.(계속 역할을 바꾸면서 여성은 혼자 말을 하고 어머니의 입장에서 대답을 한다.)

그 후 땅으로 다시 돌아온다. 이 땅은 정원을 가꾸어 내년 가을에는 수확을 할 수 있을 열매들이 지금 자라고 있는 장소이다. 바로 이곳에서 어린 손자와 이야기를 나눈다. 나중에 그와 함께 살다가 그에게 자유롭게 그의 길을 가게하고, 혼자서 평안히 여생을 마치고 싶다는 내용이다.

사이코드라마를 하는 동안 이 여성에게는 순간의 역동 속에서 그녀 삶의 모든 시간들이 하나가 된다. 시간이 구체적인 시간이면서 동시에 순간 속에 있는 축약과 정수인 것이, **공간**의 의미에도 해당한다. 공간을 고려하는 것은 치료적으로 큰 의미를 지니고 있다. 중요한 일이 일어나는 공간을 실현함을 통해서 이제 새로이 지금과 여기라는 체험공간이 된다. 어린 시절의 거리, 부모님 댁, 하늘, 지상의 정원, 그을음투성이인 부엌, 남극, 숲속의 길. 사이코드라마에 만들어진 모든 외적인 공간들은 '지금과 여기'의 체험공간으로서 영혼의 '내적인 공간' 혹은 심리 상태나 상황의 그림이 된다.

사이코드라마를 통해서 하게되는 시간과 공간의 체험에서는 그 상대성이 보여진다. 심리적인 것의 범주에 적용되는 것이 인과성과 '**현실**'에 꼭 같이 적용된다.

한편으로 '실제적인' 현실의 삶이 사이코드라마의 공간에서 일상의 세세한 부분까지 재현될 수 있다. 관계문제, 금전문제, 직업문제 혹은 일반적으로 현실의 요청을 다루면서 겪는 모든 어려움이 주제가 될 수 있다. 여기서 가능한 것은 "실제 삶에서 발생할 심각한 귀결이나, 파국의 위험부담을 안지 않고, 새로운 삶의 양식을 개발하고 학습하는 것이다."[95] 우리는 밖의 현실을 만나지만 그것을 바꿀 수 있고, 재구성할 수 있으며 초월transzendieren 할 수 있는 것이다.

근거있어 보이는 외적 현실 그 자체로 끝나는 것이 아니라 항상 새롭게 더 많은 현실을 체험하게 된다. 그래서 모레노는 "잉여현실Surplus-Reality"이라고 하였다. 융은 다른 맥락에서 다음과 같이 말한다.

> 마치 실제의 삶의 크기를 아는 것처럼, 이성은 너무 좁은 한계를 규정하고, 우리에게 알려진 것만을 – 이것조차도 제한된 – 이미 알고 있는 틀 안에서 사는 것을 요구한다. 실제로 우리는 매일매일 우리의 의식을 넘어 살고 있다. 우리가 알아채지 못하지만, 무의식이 함께 살고 있다. 비판적 이성이 우위를 차지할수록, 삶은 더 가난해진다. 그러나 우리가 무의식, 신화를

더 의식화 할수록, 우리는 삶을 더 많이 통합한다.[96]

사이코드라마의 현실에서 외부 세계의 아주 구체적인 것과 심리세계의 잘 보이지 않는 것이 하나의 행동과 체험으로 일치된다.

한편으로, 시간, 공간, 인과성은 우리 삶에 기본적으로 주어진 것이다. 다른 한편으로 이 범주의 주관적인 체험은 그 상대성을 경험하게 만든다. 측정할 수 있는 시간과 심리적인 시간은 서로 다르다. 마찬가지로 객관적인 공간과 공간의 심리적인 체험 혹은 심리적인 내적 공간도 서로 다르다. 원인과 결과를 객관적으로 인식하는 것과 현실을 주관적으로 체험하는 것도 상이한 경우가 많다.

"사이코드라마는 영혼의 진실을 행동을 통해서, 그 깊이를 재는 방법이다." 영혼의 진리에는 시간, 공간과 인과성이 속하는 것 이외에도 '우주' 혹은 '집단적 무의식'의 차원 – 신 혹은 자기 – 이 속한다. 사이코드라마에서 행동은 '육화肉化', '상징의 구체화'(모레노)이며 '4차원'으로부터 지금, 여기의 현실로 불러내진다.

이러한 사고의 틀 안에서 사이코드라마는 외부세계의 질서와 내면세계의 질서가 만나고, 참여자들이 놀이하면서 자기 자신 – 혹은 자기를 만날 수 있는 '장소'라고 볼 수있다.

참고문헌

Barz, Ellynor : Götter und Planeten, Zürich 1998

Barz, Helmut : Selbst-Erfahrung, Tiefenpsychologie und christlicher Glaube, Stuttgart 1973

Ders. : Vom Wesen der Seele, Stuttgart 1979

Ellenberger, Henry F. : Die Entdeckung des Unbewußten, Bern, Stuttgart, Wien 1973

von Franz, Marie-Louise : C.G.Jung. Sein Mythos in unserer Zeit, Frauenfeld und Stuttgart 1972

Dies. : Zur Psychologie der Gruppe. Gruppenprobleme in Jungscher Sicht.
In : Zeitwende, 42. Jahrang, Juli 1971 Heft 4

Hofstätter, Peter R. : Gruppedynamik. Kritik der Massenpszchologie, Hamburg 1957/71

Ders. : Psychologie, Frankfurt a. M. 1957/72

Huizinga, Johan : Homo Ludens. Vom Ursprung der Kultur im Spiel, Hamburg 1956

Jung.C.G : Erinnerungen. Träume. Gredanken. Hrsg. von Aniela Jaffé, Züburg and Stuttgart 1962 ; Olten 1984

Ders. : Gesammelte Werke. Bd. Ⅰ -ⅨⅩ, Zürich und Stuttgart 1962;Olten 1984

Ders. : Briefe in drei Bänden, Olten und Freiburg im Breisgau 1972, 73

Leutz, Grete A. : Psychodrama, Theorie und Praxis. Bd. I:Das klassische Psychodrama nach J.L.Moreno, Berlin, Heidelberg, New York 1974

Dies. : Psychodrama, hrsg. von Grete leutz und Klaus W. Oberborbeck, Göttingen 1980

J.L.Moreno : Gruppenpsychotherapie und Psychodrama. Einleitung in die Theorie und praxis, Stuttgart 1959

Ders. : Die Grundlagen der Soziometrie. Wege zur Neuordnung der Gesellschaft, Köln und Opladen 1954

Ders. : Preludes To My Autobiography. Introduction To Who Shall Survive?, Beacon, New York 1955

Ders. : Das Stegreiftheater, 2. Aufl. Beacon, New York 1970

Ders. : Die Psychiatrie des zwanzigsten Jahrhunderts als Funktion der Universalia Zeit, Raum,

Realität und Kosmos, in:Angewandtes Psychodrama, Hrsg.:Hilarion Petzold, Paderborn 1978

Neumann, Erich : Ursprungsgeschichte des Bewußtseins, Zürich 1949; Fischer Taschenbuch (Geist und Psyche 42042)

Ders. : Zur psychologischen Bedeutung des Ritus. In:Kulturentwicklung und Religion, Zürich 1953

Schadewaldt, Wolfgang : Hellas und Hesperien. Gesammelte Schriften zur Antike und zur neueren Literatur, Stuttgart und Zürich 1953

Seifert, Theodor : Lebensperspektiven der Psychologie. Wege. Schnittpunkte. Gegensätze, Olten und Freiburg im Breisgau 1981

Tillich, Paul : Die religiöse Substanz der Kultur. Schriften zur Theologie der Kultur. Ges. Werke Bd. Ⅸ*, Stuttgart 1967*

Wehr, Gerhard : C.G.Jung. Leben, Werk, Wirkung, München 1985

Wolff, Toni : Studien zu C.G.Jungs Psychologie, Zürich 1959

Yablonsky, Lewis : Psychodrama. Die Lösung emotionaler Probleme durch das Rollenspiel, Stuttgart 1978

1) *Lewis Yablonsky, Psychodrama. Die Lösung emotionaler Probleme durch das Rollenspiel, Stuttgart 1978.*

2) *J.L. Moreno, Preludes To My Autobiography. Introduction To Who Shall Survive?, Beacon, New York 1955*

3) *Yablonsky, 1978, p.240*

4) *Leutz, 1974, p.29f.*

5) *1920, Kiepenheuer-Verlag Berlin-Posdam*

6) *1923, Kiepenheuer-Verlag Berlin-Posdam*

7) "나는 나의 신관념과 그의 창조원칙으로부터 직접적으로나 간접적으로 나의 모든 방법들과 기술들을 위한 모든 영감을 받았다." *Moreno, 1955, p.31*

8) *J.L.Moreno. Das Stegreiftheater, 2. Aufl. Beacon House, Beacon, N.Y. 1970, p.15f.*

9) *Moreno,1959, p.1*

10) *Moreno, 1959, p.3*

11) *Moreno, 1959, p.14ff. und seinem Beitrag in Angewandtes Psychodrama 1978, p.110 f.*

12) *Moreno, 1959, p.11*

13) *Moreno,1959, p.31*

14) *J. L. Moreno, Who Shall Survive? Foundations of Sociometry, Group Psychotherapy and Sociodrama, 1953.* 독일어 번역본 : *Die Grundlagen der Soziometrie. Wege zur Neuordnung der Gesellschaft. 1954.*

15) "인간 상호 관계"는 모레노가 도입한 용어이다. *1937*년 인간 상호 관계 계간지 *Zeitschrift für zwischenmenschliche Beziehungen, Sociometry, A Journal of Interpersonal Relations*를 창간하였다.

16) *1964* 파리, *1666* 바르셀로나, *1968* 프라하 (비엔나 근교의 바덴), *1969* 부에노스아이레스, *1970* 상파울로, *1971* 암스테르담, *1972* 도쿄.

17) *Moreno,1959, p.53*

18) *Moreno, 1954, p.XXIV*

19) *Moreno, 1959, p.77*

20) *Moreno, Angewandtes Psychodrama, 1978, p.111*

21) *Yablonsky, 1978, p.248*

22) 생애에 관한 것은 *Henry F. Ellenberger, 1973, p. 879-914.* 융의 자서전 *Erinnerungen, Träume, Gedanken, 1962.* (역주– 저자는 이 책에서 인용한 부분들은 따로 본문 괄호 안에 출처 페이지수를 표기하였다) *Gerhard Wehr, C.G. Jung. Leben, Werk, Wirkung, München 1985. M.-L. von Franz, C.G.Jung. Sein Mythos in unserer Zeit, 1972*을 참조

23) *C.G.Jung. GW VI, p.595* 와 *p.596*

24) 카비렌은 난장이나 거인과 같은 자연적인 신인데 창조성과 연관이 있다. *(Jung, 1962, p.30)*

25) *C.G.Jung, GW IX/I, p.95*

26) *C.G.Jung, GW IX/I, p.174*

27) *H. Barz, 1979, p. 88.*

28) 보덴 호수가의 위버링엔에 있는 독일의 모레노 사이코드라마 연구소 소장인 그레테 로이츠 *Grete Leutz*가 근본적인 입문서를 썼다.

Psychodrama, Theorie und Praxis, 1974

29) *Moreno, 1959, p.77*

30) *Moreno, 1959, p.81 f.*

31) *Moreno, 1959, p.79* 와 *76.*

32) *Moreno, 1959, p.80*

33) *Moreno, 1959, p.78*

34) *Moreno, 1959, p.83.* 융의 용어로 감정이 강조된 콤플렉스에 대한 작업을 한다고 할 수 있다. 사이코드라마에서 콤플렉스를 다루는 것과 모레노가 이곳에서 말하고 있는 에너지론의 입장은 이후의 맥락에서 다루어진다. 또한 여기서는 투사가 이루어지는 과정과 투사를 거두어들이는 것이 모레노의 입장에서 보면서 언급되었다.

35) *Moreno, 1959, p.89*

36) *Moreno, 1959, p. 3*

37) *Moreno, 1959, p. 84*

38) *Vgl.Yablonsky, 1978, p.141 f.*

39) *Moreno, 1955, p.23*

40) *Moreno, 1959, p. 83.*

41) *C.G.Jung, GW VIII, p.102.*

42) Moreno, 1959, p. 83.

43) Zitiert nach G.Leutz, 1974,p.22

44) G. Leutz, 1974, p.18

45) C.G.Jung, GW XVI, p. 248

46) C.G.Jung, GW XVI, p. 248

47) C.G.Jung, GW VI, p. 357

48) C.G.Jung, GW VI, p. 357

49) C.G.Jung, Briefe II, p. 452

50) C.G.Jung, Briefe II, p. 130

51) Toni Wolff, 1959, p.7

52) G. Hofstätter, 1957/71, p. 194

53) C.G.Jung, Briefe II, p. 453

54) 〈자기-체험〉이라는 제목의 헬무트 바르쯔 Helmut Barz의 책 참조

55) C.G.Jung, GW VIII, p. 258

56) J.L.Moreno, 1959, p.5

57) C.G.Jung, GW VI, p. 248

58) Erich Neumann, Ursprungsgeschichte des Bewußtseins, 1949, Appendix I und II, p. 449 ff. Deses Zitat:p.470

59) H.Barz, Stichwort Selbstverwirklichung, 1981

60) E.Neumann, 1949,p.469

61) E.Neumann, 1949,p.471

62) 나는 폰 프란쯔 논문 <집단의 심리학에 관하여 Zur Psychologie der Gruppe>을 여기서 다루고자한다.

63) C.G.Jung, GW VIII, p.35 ff.

64) Paul Tillich, GW IX, p.253

65) J.L.Moreno, in Angewandtes Psychodrama, 1978, p. 111

66) C.G.Jung, Briefe II, p.131

67) C.G.Jung, GW XVI, p.298

68) Huizinga, Johan: Homo Ludens, Vom Ursprung der Kultur im Spiel, 1981

69) Platon, Gesetze VII, 803 CD, zitiert nach Huizinga, Homo Ludens, Vom Ursprung der Kultur im Spiel, 1981, p.28

70) Moreno, 1959,p.3f.

71) Erich Neumann, Zur psychologischen Bedeutung d. Ritus, 1953

72) Erich Neumann, Zur psychologischen Bedeutung d. Ritus, 1953, p.37

73) Erich Neumann, Zur psychologischen Bedeutung d. Ritus, 1953, p. 44f.

74) J.Huizinga, 1981,p.19 f.

75) J.Huizinga, 1981,p.16

76) J.Huizinga, 1981,p.16

77) Wolfgang Schadewaldt, Hellas und Hesperiden, 1960, p.253

78) Wolfgang Schadewaldt, Hellas und Hesperiden, 1960, p.266

79) Moreno,1959,p.79

80) Schadewaldt, 1960, p. 389

81) Schadewaldt, 1960, p. 391

82) C.G.Jung, GW VII, p.211 f.

83) C.G.Jung, GW VII, p. 173

84) Jung, Erinnerung, Träume, Gedanken, 1962, p. 409

85) C.G.Jung, GW XI, II, p.21

86) C.G.Jung, GW VIII, p.231

87) C.G.Jung, GW XIV, II, p.297

88) C.G.Jung, GW VIII, p.118,114

89) Vgl. E. Barz, Götter und Planeten, 1988, p.116

90) C.G.Jung, GW XII, p.83

91) C.G.Jung, GW XII, p.83

92) C.G.Jung, GW IX, I, p.82 f.

93) C.G.Jung, 1962,p.308

94) J.L.Moreno, in:Angewandtes Psychodrama, 1978, p.111

95) J.L.Moreno, in:Angewandtes Psychodrama, 1978, p.105

96) J.L.Moreno, in:Angewandtes Psychodrama, 1978, p.105

인 명

내 용

사 례

추천의 글

이 책은 모레노식 사이코드라마와 심층심리학적 작업방법뿐만 아니라 모레노와 융의 평생에 걸친 저술들로 안내하는 훌륭한 입문서이다. 입문서이기는 하지만 금방 보고 따라할 수 있다는 의미는 아니다. 이 책에서 소개하는 모레노 사이코드라마를 변형한 내용은 학습을 통한 정확한 이해와 수련을 요한다.

저자는 서두에서 모레노가 사이코드라마를 "영혼의 진리를 행동을 통해 밝혀내는 방법"라고 한 말을 강조하였다. 이 방법안에는 인식과 느낌의 영역과 그것을 신체, 물체적 상호작용 세계에 표현하여 전체적 체험이 되도록하는 기회와 요구가 들어있다. 사고와 감정이 체현되면 일상 현실과 연결이 가능해진다. 이 체현이 사이코드라마 실험 무대에서 펼쳐진다면, 현실 삶의 미래가 놀이 속에서 일어나고 있는 것이다.

융과 모레노는 서로 만난 적이 없지만 딘 엘레프서리와 도렌 엘레프서리 그리고 그들의 제자이자 동료인 헬무트 바르쯔와 엘레노어 바르쯔의 획기적인 실험에서 이 두 선구자들의 평생 소원이 아주 잘 만나고 있다. 한국인들은 이 이론과 실제 모델에서 종교적, 문화적 전통과 창의적으로 통합되는 연관성을 발견할 수 있을 것이다.

–독일 마르부르크 대학 교목, 前 신학과 교수
게하르트 마르셀 마르틴
『몸으로 읽는 성서』 저자

이 책은 단순한 사이코드라마 입문서가 아니다. 사례와 함께 집단역동적 상황에서 치유가 일어나는 메커니즘을 상세히 그려 넣은 역작이다. 융학파 사이코드라마에 녹아 있는 모레노와 융의 사상적, 임상적 메시지는 놓칠 수 없는 보물이다. 치유에 관심이 있는 모든 예술인, 바디워커들에게 권하고 싶다.

–소메틱테라피 전문가, 명지대 교수

김정명

『예술지성 : 소마의 논리』 저자

심리치료에서 체험을 중시해왔던 내게, 나자신과 관련 있는 원형들을 '아는' 데서 그치는 것이 아니라 그 원형들을 '살아낸다'는 발상 자체가 충격이다. 내가 부처가 되고 예수가 되어보다니! 마냥 신선하다.

–한국영성심리상담센터 대표, 한국집단상담학회 회장 역임

김명권

켄 윌버 『통합영성』, 『모든 것의 이론』 역자

역자 이 보 섭

스위스에서 융학파 분석가 및 융학파 사이코드라마 지도자 자격증 취득 후 융기본저작집 번역위원, 한국융연구원과 스위스융연구소 교수로서 분석가 양성과 무의식의 의식화를 통한 분석치료를 하고 있다. 국제공인 융학파 분석가로서 최초로 한국에 융학파 모래놀이, 꿈/심리/민담/신화/조상/성서드라마를 소개하였다. 역서로 『도라칼프의 모래놀이』가 있다. 2001년부터 이보섭융연구소를 운영하며 수트라/주역드라마ⓒ를 창시하였고, 한국전통 심신명상법과 한국문화의 치유적 힘을 스위스융연구소를 통해 서양에 소개하였다. 이화여대 영문학사, 뮌헨대 철학석사를 마쳤고, 셰익스피어, 파우스트, 현상학, 융학파 사이코드라마를 바탕으로 융의 『레드북』을 소극장에서 드라마로 강의하는 등 여러 창의적인 시도를 하고 있다. 자연 속에서 몸으로 읽는 분석심리학 캠프를 열고 있다.

이보섭융연구소

꿈, 그림, 모래놀이, 드라마를 적용한 개인분석, 집단분석 및 수퍼비젼, 적극적 상상과 명상을 적용한 분석치료, 융의 『레드북』 연구 및 공연, 융학파 사이코드라마 (분석심리드라마) 지도자 교육, 융의 분석심리학에서 중요시하는 몸을 집중연구하고 몸의 움직임도 함께하는 분석심리학 전문 연구기관. 2001년 이래로 여러 상담센터와 상담관련 대학원의 위탁교육. 한국융연구원과 스위스융연구소에 진학하여 국제공인융학파 정신분석가로 성장을 위한 기초교육.
(관심있는 분은 네이버카페 이보섭융연구소를 찾아주세요)

라피스

라피스는 '돌'이라는 뜻의 라틴어로 대극합일과정인 연금술의 시작재료이자 결과물을 의미합니다. 혼의 연금술인 융심리학과 융학파 사이코드라마를 연구하는 이보섭융연구소의 출판브랜드이며 중심을 잡는 전인적인 인간을 위한 공동체입니다.

http://cafe.naver.com/symboldrama
http://cafe.naver.com/jungiandrama
www.facebook.com/bslee.jung.lp
네이버밴드 : 원형극장

저 자 **엘리노어 바르쯔** (1931~2012) Ellynor Barz

독일에서 태어나 함부르크와 튀빙엔에서 교육학과 신학전공 후 하이델베르크에서 스트라우스-크뢰베에게 점성학, 미국에서 엘레프서리에게 사이코드라마 수련을 받았다. 헬무트 바르쯔 박사와 함께 융심리학에 기초한 사이코드라마를 창시하고 아름다운 쭈미콘 숲어귀의 큰 자택에 연구소를 설립하여 지도자를 양성하고 유럽 각지에서 드라마 지도를 하였으며, 생에 마지막 날까지 스위스융연구소 교수로 취리히에서 분석가 활동을 하였다. 저서로는 스위스융연구소 수료 논문을 출간한 『*Selbstbegegnung im Spiel – Einführung in das Psychodrama*』와 『*Götter und Planeten, Symbolik der Astrologie*』가 있다.

융학파 사이코드라마
— 놀이 속에서 자기를 만나다

초판 1쇄 발행 2018년 11월 30일

지은이 Ellynor Barz
옮긴이 이 보 섭
펴낸이 이 보 섭
펴낸곳 라피스 Lapis Press (이보섭융연구소)

주 소 서울시 종로구 자하문로 35길 22, 104호
전 화 02-3477-5407
이메일 jungsymbol@naver.com
등 록 제300-2017-80호
제 작 예일 YNC

ISBN 979-11-963368-2-0

*라피스는 '이보섭융연구소'의 출판브랜드입니다.
(2010. 8. 26. 첫 등록)